# Jornalismo de TV

# COLEÇÃO COMUNICAÇÃO

## Coordenação
### Luciana Pinsky

**A arte de entrevistar bem**  Thaís Oyama
**A arte de escrever bem**  Dad Squarisi e Arlete Salvador
**A arte de fazer um jornal diário**  Ricardo Noblat
**A imprensa e o dever de liberdade**  Eugênio Bucci
**A mídia e seus truques**  Nilton Hernandes
**Assessoria de imprensa**  Maristela Mafei
**Comunicação corporativa**  Maristela Mafei e Valdete Cecato
**Correspondente internacional**  Carlos Eduardo Lins da Silva
**Escrever melhor**  Dad Squarisi e Arlete Salvador
**Ética no jornalismo**  Rogério Christofoletti
**Hipertexto, hipermídia**  Pollyana Ferrari (org.)
**História da imprensa no Brasil**  Ana Luiza Martins e Tania Regina de Luca (orgs.)
**História da televisão no Brasil**  Ana Paula Goulart Ribeiro, Igor Sacramento e Marco Roxo (orgs.)
**Jornalismo científico**  Fabíola de Oliveira
**Jornalismo cultural**  Daniel Piza
**Jornalismo de rádio**  Milton Jung
**Jornalismo de revista**  Marília Scalzo
**Jornalismo de TV**  Luciana Bistane e Luciane Bacellar
**Jornalismo e publicidade no rádio**  Roseann Kennedy e Amadeu Nogueira de Paula
**Jornalismo digital**  Pollyana Ferrari
**Jornalismo econômico**  Suely Caldas
**Jornalismo esportivo**  Paulo Vinicius Coelho
**Jornalismo internacional**  João Batista Natali
**Jornalismo político**  Franklin Martins
**Jornalismo popular**  Márcia Franz Amaral
**Livro-reportagem**  Eduardo Belo
**Manual do foca**  Thaïs de Mendonça Jorge
**Manual do frila**  Maurício Oliveira
**Manual do jornalismo esportivo**  Heródoto Barbeiro e Patrícia Rangel
**Os jornais podem desaparecer?**  Philip Meyer
**Os segredos das redações**  Leandro Fortes
**Perfis & entrevistas**  Daniel Piza
**Reportagem na TV**  Alexandre Carvalho, Fábio Diamante, Thiago Bruniera e Sérgio Utsch (orgs.)
**Teoria do jornalismo**  Felipe Pena

# Jornalismo de TV

Luciana Bistane
Luciane Bacellar

*Copyright*© 2005 Luciana Bistane e Luciane Bacellar
Todos os direitos desta edição reservados à
Editora Contexto (Editora Pinsky Ltda.)

*Coordenação da Coleção Comunicação*
Luciana Pinsky

*Montagem de capa e diagramação*
Gustavo S. Vilas Boas

*Projeto de capa*
Marcelo Mandruca

*Revisão*
Lilian Aquino e Luciana Salgado

Dados Internacionais de Catalogação na Publicação (CIP)
(Câmara Brasileira do Livro, SP, Brasil)

Bistane, Luciana
Jornalismo de TV / Luciana Bistane e Luciane
Bacellar. 3. ed., 1ª reimpressão. – São Paulo : Contexto, 2025. –
(Coleção comunicação)

Bibliografia.
ISBN 978-85-7244-289-3

1. Comunicação de massa  2. Ética jornalística
3. Repórteres e reportagens  4. Telejornalismo
I. Bacellar, Luciane. II. Título. III. Série

05-0386                                           CDD-070.195

Índices para catálogo sistemático:
1. Jornalismo na televisão   070.195
2. Telejornalismo   070.195

2025

EDITORA CONTEXTO
Diretor editorial: *Jaime Pinsky*

Rua Dr. José Elias, 520 – Alto da Lapa
05083-030 – São Paulo – SP
PABX: (11) 3832 5838
contexto@editoracontexto.com.br
www.editoracontexto.com.br

Proibida a reprodução total ou parcial.
Os infratores serão processados na forma da lei.

# SUMÁRIO

**INTRODUÇÃO**
*Falem mal* ................................................................. 9

**CAPÍTULO I**
*Profissão: repórter* ............................................... 13
Ave palavra ............................................................. 14
Entrevista ................................................................ 16
Bom conselho ........................................................ 17
Segura aí ................................................................. 19
Mico no vivo ........................................................... 21
Vida de editor ......................................................... 22
O formato ................................................................ 23
Passagem/Encerramento ..................................... 23
O fim da abertura .................................................. 24
Linha de morte ....................................................... 25
Chefes ..................................................................... 25
Faça sua parte ....................................................... 26
Recursos de edição .............................................. 26
Barulhinho bom ..................................................... 27

**CAPÍTULO II**
*Cenas do passado* ............................................... 29
Perfil/Jorge Amado ............................................... 30
Vinte anos de anistia ............................................ 32
Variações sobre o mesmo tema ......................... 36
Espelho ................................................................... 37

**CAPÍTULO III**
*A notícia na TV* ..................................................... 41
A força da imagem ............................................... 41
Contexto ................................................................. 42
Alguns ou muitos .................................................. 43

Linha editorial ............43
Relatividade ............44
Notícias pasteurizadas ............45
Caminhos da notícia ............46
Assessorias de imprensa ............48

CAPÍTULO IV
Do front à base ............51
Sabor do saber ............53
Planos e espantos ............54
Em off ............56
Colhendo os frutos ............58

CAPÍTULO V
Jornalismo investigativo ............61
Direito à informação ............63
Microcâmera ............63
Interesse público ............64
Favela Naval ............65
Máfia dos Fiscais ............67
Momentos decisivos ............68
Desdobramentos ............69

CAPÍTULO VI
Cobertura internacional ............73
11 de setembro ............75
Virada de jogo ............76
Prova de fogo ............76

CAPÍTULO VII
Guerra de audiência ............79
Sensacionalismo ............81
O furo ............82
Imagem/Ação/Imaginação ............84
Por outro caminho ............86
Grã-Bretanha ............87
Estados Unidos ............88
Brasil ............89

## CAPÍTULO VIII
**Mercado futuro** ............................................. 93
A largada ........................................................ 94
Remuneração ................................................. 95
Imagem distorcida .......................................... 96
*Glamour* ......................................................... 96
Mercado alternativo ........................................ 97

## CAPÍTULO IX
**Voz da experiência** ...................................... 101
Tem conserto ................................................ 102
A fala ............................................................. 103
Inimigos da voz ............................................. 103
Bons companheiros ...................................... 104

## CAPÍTULO X
**Passado e futuro** ......................................... 105
Do filme ao videoteipe .................................. 106
Generais da comunicação ............................ 107
Abertura ........................................................ 108
Exercício da informação ............................... 109
Pagar para ver .............................................. 110
Cabo de guerra ............................................. 111
Fusões .......................................................... 112
O futuro chegou ............................................ 113
A era dos satélites ........................................ 114
TV digital ....................................................... 116

## CAPÍTULO XI
**Linha do tempo** ........................................... 119
Anos 30 ........................................................ 119
Anos 40 ........................................................ 120
Anos 50 ........................................................ 121
Anos 60 ........................................................ 122
Anos 70 ........................................................ 124
Anos 80 ........................................................ 125
Anos 90 ........................................................ 126
Século XXI .................................................... 128
Curiosidades ................................................ 128

**CAPÍTULO XII**
*Que língua é essa?* ............ 131
   Dicionário da televisão ............ 131

**BIBLIOGRAFIA** ............ 139

**SITES INTERESSANTES** ............ 143

# INTRODUÇÃO

## Falem mal

Você conhece alguém que nunca tenha visto televisão? Certamente, não. Ela chega praticamente a todos os municípios brasileiros e está em 90% das residências, segundo dados do IBGE. É a principal fonte de informação e diversão de uma parte significativa dos brasileiros. Por onde quer que se olhe, estão as antenas para captar as transmissões: nos gabinetes e botecos; às margens de rios da Amazônia e nos barracos das favelas.

Segundo o Ibope, em maio de 2004, só na Grande São Paulo, o telejornal com maior audiência foi visto por mais de três milhões de pessoas. No mesmo período, a tiragem diária da *Folha de S.Paulo*, o jornal impresso de maior circulação do país, foi, em média, de 307 mil exemplares.

Daí a grande preocupação e os animados debates em torno do conteúdo e das mensagens veiculadas na telinha. Dizem que os noticiários televisivos são superficiais; que a programação não atende aos interesses do cidadão e que poderia ter mais qualidade e menos apelação; que a busca da audiência privilegia a conquista dos patrocinadores e desvirtua o papel social das emissoras.

Tais discussões só evidenciam o poder desse meio de comunicação e sua importância para a sociedade. A televisão no Brasil tem pouco mais de meio século, tempo em que, para captar olhares país afora, se popularizou e avançou em tecnologia. É uma concessão pública, que pode ser explorada comercialmente, mas tem que oferecer qualidade à população, como todo serviço dessa natureza.

Vista só como negócio, a TV perde a chance de se consolidar como espaço de conscientização, de enriquecer com informações quem a está assistindo, de ser um espelho crítico da realidade. Sem uma produção local, vira território estrangeiro e dissemina ideias e ideais que nada têm a ver com a cultura nacional.

A produção da televisão brasileira, em especial, tem a qualidade reconhecida e respeitada mundialmente. Defeitos existem, é claro, e é bom que sejam permanentemente analisados. Se o modelo atual da televisão e dos programas jornalísticos não agrada, que se fale mal mesmo, que se repense o que está sendo feito. Um protesto individual do telespectador insatisfeito é a troca de canal, boicote solitário imensamente facilitado pelo uso do controle remoto.

Profissionais que saem todos os anos das faculdades de jornalismo, e os que já estão no mercado, podem fazer melhor. Podem buscar soluções criativas, formatos inovadores, propor mudanças nas estruturas televisivas. Criticar é fácil, apresentar soluções "é que são elas". Quem trabalha ou pretende trabalhar nas redações das emissoras deve refletir sobre o poder que detém e não se deixar levar apenas pelo *glamour* de se tornar uma pessoa pública, de ser reconhecido na rua como um *pop star*. Até porque esses são poucos entre o grande número de profissionais que se dedicam à árdua tarefa de levar ao ar uma edição de telejornal.

É indispensável estabelecer a ética como limite, privilegiar a boa informação, respeitar o interesse público e do público. É preciso buscar uma formação que sustente o senso crítico e permita identificar o que é uma notícia e a dimensão de um fato. Facilmente, um profissional ruim pode se transformar num agente da desinformação, o pecado maior de um jornalista. E não adianta culpar a falta de tempo: a agilidade é uma das características do telejornalismo e não deve servir de álibi para noticiários de má qualidade.

Tendo isso em mente, resta mergulhar na rotina dos telejornais, encarar o desafio de trabalhar sempre em equipe e descobrir como é fascinante produzir notícias que podem chegar a milhares de telespectadores e, de alguma forma, mudar a vida deles para melhor. Conquistar credibilidade é a satisfação de um profissional que se dedica à incansável tarefa de informar, e da melhor forma possível.

Este livro não apresenta uma fórmula ideal de telejornalismo. Até porque se ela existisse já não seria novidade para ninguém nesse meio em que a competição é permanente. O que pretendemos é mostrar aspectos dos bastidores e da produção de notícias, e contribuir para que os futuros jornalistas de televisão conheçam um pouco mais a rotina e os desafios que vão encarar. Incluímos um glossário com os termos técnicos empregados ao longo do texto, para facilitar a compreensão e deixar o leitor familiarizado com o jargão jornalístico.

Ouvimos repórteres, produtores, editores e apresentadores de telejornais. Buscamos resgatar coberturas que entraram para a História, pesquisamos o registro de fatos que marcaram a trajetória do noticiário na TV. Foram longas conversas e trocas de impressões. Agradecemos a todos que de alguma forma contribuíram com nosso trabalho, especialmente à jornalista Márcia Dal Prete, nossa primeira leitora. Com grande experiência profissional e visão crítica, ela nos deu sugestões fundamentais.

E, nas palavras de um colega ilustre, encontramos a síntese do que move esses profissionais. Trata-se do escritor e jornalista Gabriel García Márquez. O texto foi extraído do discurso proferido na abertura da Conferencia da Sociedad Interamericana de Prensa, realizada em Los Angeles, nos Estados Unidos, em 1996.

Quem não sofreu essa servidão que se alimenta de imprevistos da vida, não pode imaginá-la. Quem não viveu a palpitação sobrenatural da notícia, o orgasmo do furo, a demolição moral do fracasso, não pode sequer conceber o que são. Ninguém que não tenha nascido para isso e esteja disposto a viver só para isso poderia persistir numa profissão tão incompreensível e voraz, cuja obra termina depois de cada notícia, como se fora para sempre, mas que não concede um instante de paz enquanto não torna a começar com mais ardor do que nunca no minuto seguinte.

# CAPÍTULO I

## Profissão: repórter

Tente contar em um ou dois minutos o que aconteceu em sete horas. Experimente resumir nesse curto espaço de tempo o que ouviu numa palestra, numa reunião ministerial, ou procure explicar a nova política industrial. Esse é o desafio diário do repórter de TV: relatar com precisão e síntese. Uma coisa é ouvir uma história; outra, é entender o suficiente para contá-la, transmitindo a relevância da informação de forma atraente e inteligível.

O escritor e jornalista Gabriel García Márquez afirma que a reportagem requer tempo, investigação, reflexão e "um domínio certeiro da arte de escrever".

O repórter é um contador de histórias. Histórias com personagens reais, que nem sempre terminam bem. Há enredo, protagonistas, hora e local onde se desenrolam os fatos, e também um motivo. Trata-se do *lead*, com as perguntas indefectíveis: como, onde, quando, quem e por quê. A diferença é que, ao contrário da pirâmide invertida dos jornais impressos, na TV a reportagem não precisa ter início respondendo a essas perguntas. Normalmente, o lead está na "cabeça" (texto lido pelo apresentador para anunciar o videoteipe, ou VT, como também são chamadas as reportagens).

Na televisão, a matéria pode e deve começar das mais diferentes maneiras. Em alguns casos, o melhor para abrir o VT pode ser uma boa imagem de impacto. Ou, quem sabe, um barulho revelador. Ou, ainda, uma declaração importante, poética ou completamente inusitada. Tudo vai depender do assunto abordado, e também da "sacada" do observador. Pode parecer subjetivo, e é. O texto deve estar "casado" com a imagem. A palavra complementa, esclarece a informação visual, mas não deve ser uma mera descrição. Em matérias sobre enchentes, ouvimos com frequência "este homem ficou com água na altura da cintura", "os carros ficaram boiando": exatamente o que as imagens mostram naquele momento.

Para fugir disso, "É importante saber olhar com paciência para captar os detalhes", acredita Rodrigo Vianna, repórter da TV Globo. Segundo ele, é possível tornar atraente até mesmo assuntos mais áridos, como os de economia. O repórter fez uma matéria sobre o crescimento de contratações na indústria brasileira, de janeiro a março de 2004, apontado pelo IBGE. Ao entrar numa fábrica, observou um operário sem uniforme e com sapato social, e percebeu ali algo diferente. Foi conversar com o rapaz, Júlio César Horvath, e descobriu nele um ótimo personagem. Horvath não pôde esperar o macacão ficar pronto tamanha era a pressa da empresa em aumentar a produção. E a matéria começou assim: "Nem deu tempo de encomendar o uniforme. Júlio foi direto para a máquina do jeito que estava vestido".

Buscar pessoas que possam exemplificar uma situação humaniza uma reportagem. Mostrar as dificuldades de uma família para administrar o orçamento é muito mais próximo da realidade do telespectador do que encher a tela de números e índices para evidenciar o aumento do custo de vida. O personagem ajuda a explicar um assunto, mas deve-se evitar o uso indiscriminado. Atualmente, esse recurso virou fórmula para construção de matérias.

## AVE PALAVRA

> *Entre duas palavras, escolha sempre a mais simples. Entre duas palavras simples, escolha a mais curta.*
> Paul Valery

Armando Nogueira, que já foi responsável pela Central Globo de Jornalismo, costuma falar em "musicalidade das palavras". Em um artigo do livro

*Lições de jornalismo*, ele aconselha quem quer escrever bem a: aprender bem o português, folhear dicionários, gostar das palavras e fugir das "metidas a besta, como procrastinação".

Em televisão, não se deve usar palavras "metidas a besta". Estas devem ser substituídas por termos que empregamos no dia a dia, para conversar com os amigos, com o zelador do prédio, com o professor. Palavras que soam naturais; nem de difícil compreensão, nem pomposas demais.

Ninguém diz para a namorada: "Hoje eu presenciei uma colisão entre dois veículos"; a gente diz que viu um acidente. É assim que devemos falar com os telespectadores: de maneira coloquial, direta, com frases curtas para facilitar o entendimento. Um texto de jornal pode ser relido; o de televisão, não. A comunicação deve ser instantânea.

"Escrever é a arte de cortar palavras", ensinava o poeta Carlos Drummond de Andrade. Escrever para a TV é a arte de cortar palavras, frases e, às vezes, o parágrafo inteiro. Mas não confunda economia de palavras com pobreza de estilo. Um texto curto não precisa ser desinteressante, sem graça, burocrático. O ideal é prender o telespectador já no início da matéria.

Não podemos nos esquecer de que disputamos a atenção com tudo o mais que acontece ao redor dele; e isso considerando os atentos, que ligam a TV para assistir ao noticiário. Há ainda os que apenas escutam a programação enquanto leem, fazem uma refeição ou qualquer outra atividade. Estes só olham para a tela quando algo lhes chama a atenção. Por isso, quebre a cabeça para fugir do lugar-comum, reflita, busque algo melhor para abrir o VT do que:

"O acidente foi no cruzamento das avenidas..."
"O crime foi hoje cedo, em frente a este bar..."
"A manifestação começou na porta da fábrica...".
Além desses, certamente, muitos outros inícios estão disponíveis.

Às vezes, o problema não está na construção da frase, mas no uso excessivo. Com isso, elas ficam desgastadas e repetitivas, como:

"Emoção e fé" – expressão usada pelos editores nas "cabeças" que chamam os VTs das celebrações religiosas, como a procissão de Corpus Christi e a Sexta-feira da Paixão.

"Demonstração de fé e exemplo de devoção" – evocadas pelos repórteres nas tais matérias.

Na hora de redigir, evite também as "muletas de estilo". Releia o texto com olhos críticos em busca de "enquanto isso", "na verdade", "por outro lado", e suprima-os. Chavões como o famoso "a festa não tem hora para acabar", que já foi muito usado em coberturas carnavalescas, também devem ser banidos. Isso não quer dizer que, dependendo do assunto e do perfil do telejornal, não dê para brincar com as palavras ou até mesmo usar trocadilhos. Mas é arriscado.

Na Copa do Mundo de 2002, realizada na Coreia e no Japão, o repórter Ernesto Paglia fez uma reportagem para o *Fantástico* sobre o fugu, peixe que carrega nas vísceras um veneno mortal e, mesmo assim, é muito apreciado pelos japoneses. Num tom bem-humorado, Paglia usou trocadilhos do começo ao fim do VT. No final da matéria, despediu-se do *mâitre* com um aperto de mão, agradeceu em japonês, olhou para câmera e arrematou: "É o tipo do restaurante que o cliente só volta se for muito vivo".

Para cometer ousadias desse tipo é preciso um talentoso domínio das palavras. Aos principiantes o mais aconselhável é fazer muito "feijão com arroz" antes de se aventurar no preparo de um prato com fugu.

## ENTREVISTA

*Não interrompa quem lhe conta uma história que você já conhece. Sempre é bom ter mais de uma versão.*

Golbery do Couto e Silva

Durante uma entrevista, quem desconhece o assunto tratado dificilmente saberá fazer boas perguntas, encaminhar a conversa, selecionar o mais importante.

Para essas ocasiões, o ideal é estar preparado, o que não significa ler tudo a respeito do assunto e elaborar uma lista de perguntas, como costumam fazer os repórteres em início de carreira – que decoram o que vão indagar. Por estarem presos ao que prepararam, muitos repórteres não escutam coisas mais importantes que o entrevistado pode falar.

Se o tema é muito técnico ou se, o que acontece com frequência, o repórter foi desviado de uma matéria para cobrir outra que não estava no programa e sobre a qual não sabe nada, deve perguntar, perguntar, perguntar antes de gravar. Primeiro é preciso entender o assunto, até porque informação nunca é demais: antes sobrar do que faltar.

Mesmo que o texto de televisão não comporte muitos detalhes, tendo-os na mão será possível escolher os melhores. E desprezar, conscientemente, os demais. Essa conversa prévia para esclarecer pontos e eliminar dúvidas proporciona objetividade à gravação. Se o entrevistado conseguir falar claramente o que pensa, sem ser prolixo demais ou empregar muitos termos técnicos, melhor para ele e para nós. Instrua-o a este respeito.

Quem não está acostumado a falar para a televisão costuma ficar intimidado com o microfone e a câmera. O bate-papo com o repórter serve também para descontrair o entrevistado, deixá-lo mais à vontade.

Muitas vezes, para se conseguir a informação, é melhor deixar o equipamento de lado; assim o interlocutor não fica na defensiva. Uma simples pergunta, sem muitas pretensões, pode garantir um "furo" de reportagem.

Um exemplo: em 1997, quando o ex-governador Paulo Maluf foi internado, o repórter Rodrigo Vianna viu-se convocado às seis da manhã para fazer a cobertura: um plantão na porta do hospital. Ao chegar, localizou uma das funcionárias, que confirmou a internação e mostrou-lhe uma prancheta com a indicação do tratamento: prostatectomia radical. Vianna entrou em contato com a redação e pediu que checassem com um especialista o que significava o termo médico. Em resposta obteve a notícia do dia: Maluf estava com um tumor na próstata e seria operado. A informação foi ao ar num boletim no meio da programação, pois, na época, o político era um forte pré-candidato para enfrentar FHC e Lula na eleição presidencial do ano seguinte. A assessoria de Maluf ficou em polvorosa, mas no fim do dia teve que confirmar o que o repórter havia adiantado pela manhã.

## BOM CONSELHO

Em *Lições de jornalismo*, o comentarista político Franklin Martins ensina que:

> Ao entrevistar um político ou um banqueiro, o repórter não deve limitar-se a recolher suas declarações. Tão importante ou mais importante do que o que ele falou é como falou, se ao exprimir-se o fez com arrogância, sinceridade, raiva, insegurança, malícia etc.

Um bom repórter aprende a ler nas entrelinhas, a captar sinais, a entender o não dito. Não se contenta com a primeira versão, desconfia, foge do óbvio.

> A pergunta que deveria ser proibida por decreto: "O que a senhora está sentindo?", que costuma ser feita em momentos trágicos, como o da mãe que perdeu os filhos soterrados.

Na maioria das vezes, o bom repórter consegue tirar do entrevistado o que quiser, e sem ser indelicado ou agressivo. Para conseguir isso, cada profissional desenvolve o próprio método de trabalho. Há uma grande diferença entre entrevistar um especialista sobre um assunto específico e inquirir um político acusado de corrupção – não existe uma regra, cada caso é um caso.

Alguns repórteres acreditam que os que têm culpa no cartório costumam ir para as entrevistas na defensiva. Nesses casos, quando o entrevistado não demonstra o menor interesse em revelar um segredo ou confirmar uma denúncia, há quem prefira ir direto ao que interessa: inicia a conversa com as questões mais delicadas, e procura pegar a pessoa "desarmada".

Diante da mesma situação, outros preferem adotar a estratégia de começar a conversa com perguntas simples, até mesmo ingênuas, para então abordar temas incômodos. A intenção é levar o entrevistado a pensar que domina a situação e "baixar a guarda", momento em que o repórter dá o xeque-mate. Essa conduta é semelhante a do detetive Columbo, personagem de um seriado americano exibido na TV brasileira na década de 1980. Depois de se despedir do suspeito, esse detetive sempre voltava para fazer a pergunta derradeira e crucial. Ao ser pego de surpresa, o suspeito caía em contradição ou confessava o crime. Quando a entrevista não for um desses embates, o melhor é fazer as perguntas mais importantes quando a pessoa estiver confiante, à vontade frente à câmera.

*Conexão*, do jornalista Roberto D'Ávila, é um programa de entrevistas bom de se ver, atualmente é exibido pela TV Cultura. Habilidoso, D'Ávila consegue abordar assuntos delicados sem intimidar os convidados, que respondem sem constrangimento. Já o *Roda Viva*, da mesma emissora, permite observar e comparar várias técnicas de entrevista: a cada semana jornalistas de diferentes veículos são convidados para sabatinar um entrevistado.

## SEGURA AÍ

Para que tudo dê certo durante uma "entrada ao vivo", muitos se mobilizam. A equipe técnica garante a qualidade da imagem e do som, o editor acerta o texto com o repórter e atualiza as informações, o cinegrafista escolhe o melhor enquadramento, mas na hora H a responsabilidade é do repórter. É ele quem fica diante da câmera falando em tempo real para quem está em casa. Ao gravar uma "passagem", a pessoa tem a chance de refazê-la, ou mesmo de preparar duas ou três versões do texto. Na ilha de edição, o editor pondera, escolhe a melhor. Ao vivo não há uma segunda chance, por isso é bom que o repórter entenda do que estiver falando.

Em 1996, a jornalista Denise Chahestian participou da cobertura das Olimpíadas de Atlanta, nos Estados Unidos. Ser escalado para trabalhar em um evento como esse não é para todo mundo, muito menos para alguém recém-contratado, sem muita prática em reportagens esportivas, como foi o caso dela. "A falta de experiência eu compensei com ousadia", diz Chahestian, e que ousadia.

Ao acompanhar uma das finais do vôlei de praia, ela encarou um imprevisto. No meio do jogo, caiu o sinal da cabine do locutor. "Denise, você vai ter que narrar o jogo, segura aí", avisou o coordenador da transmissão. Nervosismo total. Sem tempo para pensar, ela desatou a falar. Os minutos em que ficou ao vivo pareceram uma eternidade. Lembra de ter deixado escapar "bumba", uma onomatopeia, na finalização de uma jogada, o que denunciou a falta de traquejo. Mas ela segurou: "Não tinha muita dimensão do que estava acontecendo. Foi no susto".

Cada repórter encontra o próprio jeito de se preparar para uma entrada ao vivo. Há os que fazem uma lista com os tópicos que pretendem destacar e improvisam para falar com mais naturalidade. Outros preferem escrever tudo o que vão dizer. Decoram e, por precaução, levam o texto nas mãos. Trata-se de uma medida de segurança para evitar o temível "branco" – silêncio incômodo provocado pela falha de memória. Há os que preferem não entrar ao vivo; mas, frente ao inevitável, conseguem ser corretos no ar. E há ainda os que têm pavor dessa tarefa e, quando têm de encará-la, vivem momentos de tortura.

Atualmente, com as facilidades criadas pela tecnologia, as transmissões ao vivo são rotineiras. Jornais locais chegam a ter várias entradas. Isso dá agilidade e facilita a cobertura de assuntos que acontecem em cima da hora. Muitas vezes, as imagens gravadas ainda estão a caminho da emissora, e o jornal já está no ar. Nesses casos, o *link* não só evita as edições apressadas como também é uma garantia de que o telespectador terá as imagens em tempo real.

Além disso, ajuda na prestação de serviço, uma das funções do jornalismo. Numa cidade como São Paulo, mostrar ao vivo imagens do trânsito às vésperas de um feriado, por exemplo, é útil para quem ainda está em casa e quer saber a melhor hora para viajar, sem ter que enfrentar o "carma" coletivo que são os congestionamentos da capital.

Muitas vezes, quem está na rua não tem como reunir todas as informações necessárias. Um exemplo é o caso dos engarrafamentos. Nessas situações, fica para o editor a tarefa de levantar dados atualizados, ver as imagens de todas as equipes envolvidas na cobertura e preparar o texto para o repórter.

Uma dica dos profissionais mais experientes é ter consciência de que nem tudo precisa sair perfeito. Se o repórter se equivocar ou mesmo se atrapalhar um pouco, é melhor corrigir a informação e prosseguir com naturalidade. O segredo do "vivo" é manter a calma.

O temor de cometer erros é uma herança do passado. Na década de 1970 as transmissões ao vivo eram consideradas operações arriscadas e só aconteciam em ocasiões excepcionais. Naquela época, quem tinha facilidade para falar ao vivo se destacava. Quando foi trabalhar pela primeira vez num telejornal, em 1977, essa era a missão do jornalista Carlos Nascimento. "Se prezava muito a plástica e os repórteres morriam de medo de falar ao vivo. Eu já fazia isso no rádio", ele lembra.

Nascimento conta que, pelo combinado, ele entraria ao vivo no *Bom Dia São Paulo* apenas para dar informações sobre o trânsito, que já era complicado na cidade. Mas, no segundo dia de trabalho, houve uma explosão em uma tubulação de gás perto de um viaduto, em uma grande avenida. Quando chegou ao local, o repórter da madrugada já estava lá. Embora mais experiente, o colega propôs um acordo: faria a reportagem, mas os boletins ao vivo ficariam por conta de Nascimento, que entrou várias vezes durante a programação. "No final do dia, o Woile Guimarães, que foi chefe de redação e editor-regional da TV Globo, em São Paulo, me disse: a partir de amanhã você passa a fazer parte do quadro de repórteres da emissora", relata Nascimento. Sorte existe, mas é preciso estar atento e ser capaz de aproveitar as oportunidades.

## MICO NO VIVO

Ao vivo, um erro não tem volta – está feito, vai para o ar em tempo real. Em 1993, uma edição do *Jornal do SBT* começou mostrando uma discussão entre os apresentadores Eliakim Araújo e Leila Cordeiro. Já Fernando Vanucci foi flagrado no estúdio do *Esporte Espetacular* mastigando biscoito. E não são apenas os apresentadores e repórteres que estão sujeitos a contratempos. Parece piada, mas no Rio de Janeiro um inseto entrou na boca de um entrevistado e foi engolido ao vivo, determinando ali o fim das transmissões.

O vivo trabalha com o imponderável, mas quem não deseja dar sorte ao acaso pode se precaver. Por isso o repórter é avisado com alguns minutos de antecedência quando vai ser chamado — a partir daí deve ficar posicionado para não ser surpreendido ao pentear o cabelo, ajeitar a roupa ou em atitude inconveniente. É preciso manter-se atento mesmo depois de encerrada a participação, porque a imagem do repórter pode permanecer alguns segundos no ar. Já houve casos de profissionais que esqueceram esse detalhe e apareceram fazendo comentários ou pronunciando um sonoro "Ufa!" para desabafar a tensão.

Um outro episódio constrangedor resultou na demissão do então ministro da Fazenda Rubens Ricupero, durante o governo de Itamar Franco. Ele cometeu inconfidências minutos antes de conceder uma entrevista. Falando de boas e más notícias, confessou sua estratégia para lidar com informações: "O que é bom a gente mostra; o que é ruim, esconde".

O ministro não estava no ar e certamente não sabia que as imagens e os diálogos já estavam sendo transmitidos para emissora – o que é comum antes de uma entrada ao vivo, para que seja feita uma avaliação de qualidade técnica. A conversa que antecedeu a entrevista foi captada por uma antena parabólica e gravada por pelo menos um telespectador, que divulgou o material. Dois dias depois o ministro renunciou.

## VIDA DE EDITOR

Para descrever o desgaste físico, mental e emocional imposto pela rotina dos telejornais, os jornalistas costumam dizer que matam um leão por dia. É uma eterna corrida contra o tempo, e a velocidade pode comprometer a qualidade. Há ainda a angústia de ter que apurar notícias importantes que chegam de última hora. E no dia seguinte, tem-se que recomeçar do zero, encarar outro leão.

Comparado ao goleiro, o editor é aquele que fica na retranca e consegue, pelo menos, garantir um honroso zero a zero, se o time não fizer gols. É dele a primeira visão crítica sobre o que repórter e cinegrafista fizeram na rua. Em alguns casos a melhor saída é derrubar o VT. Se o material bruto estiver muito fraco, não adianta tentar salvar na ilha de edição. A insistência, ainda que com a melhor das intenções, não garante o bom resultado. O senso crítico, sim.

O editor faz a ponte entre a redação e o repórter e ajuda a organizar as informações para a construção do texto. Quando várias equipes trabalham com o mesmo assunto, como no caso de enchentes que atingem vários pontos da cidade, é o editor quem assiste a todas as fitas, seleciona o melhor material e, muitas vezes, escreve o texto para o repórter. É uma relação de parceria, e quanto mais afinada, mais produtiva. O editor acompanha o desenvolvimento da matéria, troca ideias, dá sugestões e questiona.

Quando se trata de uma denúncia, por exemplo, a editora Ivandra Previdi, do *Jornal Nacional*, costuma fazer quinze vezes a mesma pergunta de maneiras diferentes para repórteres e produtores envolvidos na investigação, para checar se há furos na história. "Procuro as armadilhas para ter convicção das informações", afirma. Ivandra encara a ilha de edição como um santuário; e prefere ficar sozinha enquanto avalia o material gravado. Na opinião dela, o editor "tem que confiar no taco, acreditar e errar até afinar a sensibilidade". Exercício que só a experiência permite.

## O FORMATO

Em televisão, construir a matéria é como montar um quebra-cabeça. Algumas peças se encaixam melhor na passagem do repórter, outras, nos trechos selecionados das entrevistas, e as restantes compõem o *off*, que será coberto por imagens. O segredo é saber o que merece ir para a passagem, o que vai ficar mais forte na fala do entrevistado e como encadear tudo isso no texto. É preciso, inclusive, abrir uma "deixa" para introduzir a "sonora" (entrevista gravada).

Deixa é a frase que antecede a fala do entrevistado, sem antecipar – ainda que com outras palavras – o que será dito. Comparando com táticas de voleibol, a deixa seria a jogada em que se levanta a bola para uma cortada. Ela encaminha a matéria para a declaração e tem a função de facilitar a compreensão ou permitir sonoras mais curtas.

Aliás, desconfie das sonoras longas. Com elas, as matérias ficam arrastadas. Há exceções, é claro, mas nos telejornais diários, normalmente, as entrevistas não passam de quinze segundos.

## PASSAGEM/ENCERRAMENTO

Passagem é o momento em que o repórter aparece na matéria. É quando ele assina o trabalho, e deve justificar essa intervenção fazendo algo imprescindível, que acrescente, que valorize a reportagem. Ainda há quem ocupe esse espaço nobre com um texto burocrático cheio de números, que poderiam ser citados em off. Se, ao cobrir uma conferência internacional sobre cultura, por exemplo, o repórter disser na passagem "cento e vinte especialistas de sessenta países participam do encontro", de duas, uma: ou a conferência está sendo um fiasco ou ele não consegue enxergar um palmo à frente do nariz.

Não existe uma receita, mas é possível dizer que a passagem cumpre algumas funções, como a de suprir a falta de imagens, por exemplo. Vamos imaginar que durante a madrugada houve uma *blitz* numa favela que terminou com a morte de pessoas inocentes. Depois de levantar as informações e gravar entrevistas, o repórter pode descrever na passagem como foi a ação policial, segundo as testemunhas.

Ao fazer a reportagem sobre uma medida econômica anunciada pelo governo e as reações desencadeadas no mercado financeiro, o repórter pode aparecer para ligar os dois assuntos. Se a decisão foi tomada numa reunião sigilosa, ele pode explicar quem participou, quem apresentou a proposta e as articulações políticas. Nesse caso, além de resolver a falta de imagens, a passagem do repórter ajudaria também a esclarecer o que aconteceu nos bastidores.

Outra alternativa seria destacar um ponto que atingisse grande parcela da população e que merecesse uma explicação mais detalhada, para ser mais facilmente entendido. Há ainda a passagem participativa, quando o repórter abandona a posição de testemunha para virar personagem. Se a matéria é sobre um curso de dança, arrisca uns passos como aluno; ou experimenta fazer uma receita ao mostrar uma aula de culinária. Mas esse tipo de passagem requer bom senso e autocrítica.

Por fim, o encerramento, que, como a palavra define, é a participação do repórter que encerra o VT, ou fornecendo uma informação complementar, de última hora, ou com uma análise do que foi mostrado.

## O FIM DA ABERTURA

Até o começo da década de 1980, repórteres faziam apenas aberturas ou encerramentos. A abertura foi abolida pelo então diretor da Rede Globo, José Bonifácio Sobrinho, o Boni, depois de assistir à matéria sobre o nascimento da filha da cantora Fafá de Belém, feita por Carlos Nascimento. O repórter abriu o VT dividindo a tela com a mãe famosa que segurava o bebê. Boni percebeu que as imagens dispensavam a interferência do repórter, que ele estava ocupando desnecessariamente aquele espaço. Afinal, mãe e filha eram a notícia. No dia seguinte, redigiu um memorando decretando o fim da abertura. Nascimento lembra que foi aí que "o Woile Guimarães inventou a passagem".

## LINHA DE MORTE

"Matéria boa é a que vai para o ar" – ouve-se com frequência nas redações de TV. A frase pode sugerir um certo desmazelo, uma certa negligência, mas não é o que significa. Costuma ser dita pouco antes do início do jornal, para lembrar que se o VT não estiver pronto em questão de minutos, não será exibido.

O *deadline* é uma linha imaginária, um limite de tempo para fazer da edição da matéria e do fechamento do jornal, operações seguras. Respeitar o *deadline* é finalizar a edição, pelo menos, quinze minutos antes do início do jornal. Isso inclui estar com a página pronta – com cabeça para chamar o VT, créditos, deixa e tempo. O editor-chefe ainda precisa aprová-la. Mas como editor não faz milagre, o ideal é que o repórter também tenha um prazo para enviar o material gravado na rua. No máximo, uma hora antes da exibição. O problema é que os fatos não respeitam *deadline*. Podem acontecer nos horários mais impróprios. E se é notícia, tem que ser dada. Por isso, muitas vezes, ultrapassamos perigosamente a "linha da morte".

## CHEFES

*O exército tem a cara do general.*
Confúncio

O melhor chefe é aquele que sabe muito. Esse a gente respeita, admira; consegue até relevar o senso crítico exacerbado ou o mau-humor. Com os bons, a gente cresce. Não aprendemos por "osmose", mas, com certeza, aprendemos com bons exemplos. Preste atenção nestes.

Quando todo mundo na redação da TV Globo – São Paulo ainda estava sob o impacto da notícia da morte do deputado do PFL Luis Eduardo Magalhães, que acabara de ser dada no JN, a então editora-chefe do *Jornal da Globo*, Lillian Witte Fibe, já tinha na cabeça o jornal que queria exibir naquela noite. Começou a dizer, em voz alta para cada editor da equipe, o que deveria ser feito. A divisão de tarefas e a definição de uma estratégia de trabalho permitiu que quatro horas depois fosse ao ar uma cobertura completa com entradas ao vivo do velório, perfil com imagens de arquivo contando a trajetória política do deputado e a repercussão da morte.

Por outro lado, chefe que não sabe direito o que quer atrapalha mais do que orienta. É horrível quando você combina a matéria com o repórter, seguindo as orientações do chefe, e, mesmo assim, ele fica enfurecido ao ver o VT pronto. E, pior, resolve ditar alterações faltando pouquíssimo para o jornal ser exibido. Se não der pra argumentar, respire fundo. E se apresse.

## FAÇA SUA PARTE

Lembre-se de que enquanto o editor de texto está cuidando de uma ou duas matérias, o editor-chefe está envolvido com todo o jornal. É compreensível que na reta final a tensão aumente. Na medida do possível, evite surpresas desagradáveis durante o fechamento. Editores e repórteres devem comunicar mudanças de percurso durante o trajeto. Informar se a matéria está ou não rendendo, se a coletiva será dada a tempo, se a história não é tudo aquilo que se imaginava.

Quando a equipe perceber que tem um bom material em mãos, imagens exclusivas, declarações bombásticas, o editor-chefe deve ser informado o mais rápido possível. É dele a decisão de repaginar o jornal, dar mais destaque ao assunto, incluir a notícia na escalada ou na passagem de bloco.

É indicado, também, respeitar o tempo pré-estabelecido pelo editor-chefe para o VT. A lista com as matérias de uma edição e o tempo destinado a elas compõem o "espelho", um resumo da estrutura do telejornal. Se a matéria fica com dez, quinze segundos a menos quase nunca é problema: as "sobras" costumam ser bem-vindas. Normalmente falta tempo para apresentar tudo o que se deseja. Por isso, não chegue com uma matéria muito maior "em cima do laço". A não ser que valha a pena. Aí, sim, mostre o VT e deixe-o falar por si.

## RECURSOS DE EDIÇÃO

Nos departamentos de arte, computadores e programas cada vez mais sofisticados ajudam na criação de recursos visuais para construção das matérias. Soluções como gráficos e tarjas facilitam a compreensão de relatórios e pesquisas com números e mais números.

A computação gráfica permite simulações virtuais de acidentes e sequestros que não foram registrados pelas câmeras. Com desenhos em movimento, o telespectador pode visualizar a ação de um novo medicamento no organismo. O mesmo recurso pode ainda ilustrar e dar um toque de humor a temas leves. Por exemplo, um simpático boneco que, numa reportagem sobre o primeiro beijo, demonstra o que acontece com o corpo e com a mente de um adolescente naquele momento.

Uma alternativa simples e bem antiga ainda é utilizada nos audioteipes: enquanto o repórter transmite informações por telefone, na tela aparece uma foto dele e um mapa para localizar a origem da notícia.

## BARULHINHO BOM

Nas novelas de rádio, a sonoplastia foi muito utilizada como recurso para compensar a falta de imagens e criar uma atmosfera para os ouvintes. Para anunciar a chegada de um personagem, por exemplo, imitava-se o galopar de um cavalo. O ruído da freada de um carro criava o suspense para o desfecho de um acidente.

Já a televisão é audiovisual. Nela, a imagem muda perde em significado, pois os sons também fazem parte da estrutura narrativa.

Assim, o som do ambiente onde as imagens são gravadas é sagrado: é o *background* ou BG. Na ilha de edição, ao montar a estrutura – ou o esqueleto da reportagem – é sempre bom valorizar os ruídos. Pode ser o sobe-som de buzinas que traduzem a impaciência dos motoristas presos num engarrafamento. Ou as palavras de ordem que revelam a indignação dos manifestantes e o motivo do protesto.

O processo de sonorização pode incluir também efeitos ou trechos de músicas. No cinema é nítido como as trilhas dos filmes ajudam a dar o clima de suspense, de romance ou de comédia. É exatamente isso que procuramos ao adicionar música a uma matéria. No entanto, esse recurso é pouco utilizado no dia a dia: seja por falta de tempo para edições mais elaboradas; porque a maioria dos assuntos não comporta uma trilha sonora ou por economia, já que é preciso pagar direitos autorais aos músicos.

# CAPÍTULO II

## Cenas do passado

Imagens de arquivo podem ser a salvação de um editor. Servem para cobrir matérias do dia, quando não houve tempo para captar imagens, quando o material feito na rua não foi suficiente ou quando o motoqueiro não chegou no horário, com a fita gravada pela equipe que está fazendo a reportagem.

No arquivo das emissoras ficam guardadas matérias já exibidas, além de imagens brutas. É possível encontrar um pouco de tudo, de cenas de desperdício de água a imagens gerais da cidade, do movimento no comércio ao flagrante de tráfico de entorpecentes, fachadas de prédios públicos, monumentos.

Há alguns cuidados a serem tomados no uso desse tipo de material. Sonora de arquivo, por exemplo, é utilizada em pouquíssimas circunstâncias e sempre deve ficar claro para o telespectador que se trata de uma gravação antiga. A reapresentação de uma declaração como se fosse do dia compromete a veracidade da notícia. Cada emissora define uma linguagem gráfica para indicar na tela que a imagem é "de arquivo".

Imagens antigas também não devem abrir um VT. Dá ao telespectador a sensação de tratar-se de assunto velho, já visto. Mesmo em "suítes", quando determinado caso será relembrado, é melhor começar com o fato novo, que serviu de gancho para a história ser revista. Como exceção temos os necrológios, matérias que traçam o perfil de personalidades ou a trajetória de autoridades. Por contarem uma história de vida, todo material é de arquivo.

# PERFIL/JORGE AMADO

Em televisão, não é comum deixar "perfis" prontos, engavetados. Equipes de telejornais são enxutas e as ilhas de edição, muito disputadas. Não há espaço para se preparar esse tipo de matéria, como fazem com mais frequência os jornais impressos. Embora esses necrológios demandem pesquisas de texto e de imagens, o que exige tempo, normalmente eles começam a ser produzidos no momento em que a morte é anunciada ou parece iminente. São raros os casos em que os perfis são feitos com antecedência.

Mas, devido a características particulares, há personalidades cujo perfil já está pronto e atualizado. O papa João Paulo II consta dessa lista. Trata-se de uma exceção compreensível se levarmos em conta a idade avançada e os problemas de saúde que enfrenta. Afinal, nem sua santidade escapa da morte. E se essa notícia será destaque no mundo todo, num país de maioria católica como o Brasil, então, a cobertura ganha mais peso.

Já o perfil do escritor Jorge Amado, exibido pelo *Jornal da Globo* em agosto de 2001, no dia do falecimento, fora preparado quase três anos antes, em 1998. Na época, o escritor já estava com a saúde debilitada, segundo avaliação dos médicos, e precisou ser internado. Por precaução, foi preciso deixar pronta uma merecida – e caprichada – homenagem que mostrasse a trajetória de sucesso de Jorge Amado.

Dos arquivos vieram informações sobre a vida e obra do escritor, imagens e matérias antigas. Antes de escrever o texto, encaixando as sonoras, foi preciso rever e selecionar todo o material gravado. Além das imagens de arquivo, tínhamos à disposição trechos de novelas, filmes e minisséries baseados nos livros *Dona Flor e seus dois maridos* e *Gabriela, cravo e canela*, além de cenas gerais de Salvador, do centro histórico, das praias do litoral da Bahia, de mulheres vendendo acarajé, de crianças de rua, plantações de cacau, candomblé e capoeira. Quem dera todo perfil pudesse ser tão bem ilustrado.

Todo o trabalho levou sete horas para ser feito, e a matéria ficou pronta para ir ao ar naquela mesma noite. Como permaneceu em *stand by*, foi possível fazer alguns retoques no dia seguinte, melhorar a sonorização, acrescentar efeitos de edição.

Quando, em 2001, foi preciso levá-la ao ar, o jornal contava com nova apresentadora, que precisou regravar o texto. A versão final ficou assim:

(sobe-som)

Off: O velho comunista fez da literatura sua arma. Em vários livros, criticou a injustiça social, denunciou o drama dos meninos de rua e o trabalho duro nas plantações de cacau. Mas seus personagens também traduziram, com poesia, a alma do povo baiano.

(sobe-som/atabaques)

sonora/Jorge Amado:
"O escritor é tão mais universal quanto mais ele seja um escritor do seu país."

Off: Em sessenta anos de carreira, Jorge Amado publicou trinta e sete livros. Foram mais de vinte milhões de exemplares vendidos em todo o mundo. Algumas obras como *Gabriela, cravo e canela* e *Dona Flor e seus dois maridos* foram imortalizadas pelo cinema e pela televisão.

(sobe-som/minissérie Dona Flor)

Texto e edição:
Luciana Bistane

sonora/Jorge Amado:
"Essas minhas mulheres são mulheres brasileiras na cor, no perfume, no sentimento e no amor."

Off: No seu universo não cabiam feministas radicais.

sonora/Jorge Amado:
"Em geral são feias pra burro. No fundo são contra o amor, são contra o sexo... são contra toda a alegria. Para elas, o prazer é um pecado."

Off: O menino de Itabuna se formou em Direito para agradar ao pai, mas nunca pegou o diploma. Virou militante político. Em trinta e seis – durante o Estado Novo de Getúlio – foi preso. Prisões, aliás, foram muitas. E também os exílios. Um deles, em quarenta e cinco, quando perdeu o mandato de deputado federal porque o Partido Comunista Brasileiro – partido dele – entrou para a clandestinidade. Jorge Amado foi para a Europa recém-casado com Zélia Gatai, a eterna e solidária companheira.

(sobe-som/Zélia)

sonora/Jorge Amado:
"No primeiro encontro, achei ela bonita. No primeiro beijo, achei gostosa."

Off:Há oito anos não publicava um novo livro. Problemas de saúde o afastaram da literatura. Outra paixão foi Paris. E lá Jorge Amado recebeu uma das últimas homenagens. A Universidade de Sorbonne deu a ele o título de Doutor Honoris Causa. Mais um reconhecimento pelo trabalho desse "imortal" escritor brasileiro.

Sonora final/Jorge Amado:
"Fui um homem muito feliz. A vida me deu mais do que pedi. Mais do que eu mereci, sobretudo me deu Zélia."

(sobe-som final com *clip* de imagens do casal)

## VINTE ANOS DE ANISTIA

Fazer reportagens especiais é quase um privilégio porque há mais tempo para que sejam pensadas, produzidas e editadas. No dia a dia das redações o mais comum é que, entre a definição da pauta e a exibição, as etapas de uma matéria sejam realizadas de um dia para o outro, ou mesmo em algumas horas, para acompanhar o ritmo imponderável das notícias.

O texto a seguir é de uma reportagem feita para marcar os vinte anos da Lei da Anistia, exibida pelo *Jornal Hoje*, da TV Globo. Precisou de quase uma semana para ficar pronto. Foi preciso recorrer a livros de História para levantar casos e fatos emblemáticos do período da repressão até a distensão política. Na produção foram envolvidas três praças: Rio de Janeiro, Brasília e São Paulo.

No Rio de Janeiro, o centro de documentação reuniu um vasto material de arquivo mostrando o retorno de exilados, cenas dos tanques do Exército nas ruas, manifestações reprimidas e vítimas da ditadura militar. Parte das entrevistas foi gravada em Brasília. Em São Paulo, onde a matéria foi finalizada, foram marcadas várias locações – como o antigo prédio do Dops, cenário de torturas – e parentes de desaparecidos políticos foram ouvidos.

Para unir o passado e o presente, a reportagem foi pontuada com cenas do ensaio de uma peça sobre a ditadura militar e a anistia, representada por estudantes. O olhar e as dúvidas dos adolescentes sobre o período serviram para retomar esse capítulo da História. Além das imagens de época, fotos, depoimentos, efeitos sonoros e textos em caracteres deram acabamento e ritmo à matéria, que ficou com mais de seis minutos. Segue o off na íntegra:

> (sobe-som – estudantes ensaiando peça de teatro)
> Off:Estudantes que nasceram na democracia entram em cena para aprender a história do regime militar.
>
> Sonora/adolescente:
> "Nossa, eu estou por fora. Queria saber tudo o que aconteceu, em detalhes."
>
> Off:O mundo estava dividido entre a esquerda e a direita. No Brasil, sob o pretexto de frear a ameaça do socialismo, os militares depuseram o presidente João Goulart e tomaram o poder.
>
> (arte com efeito sonoro): 1964/Ano do Golpe
>
> sonora/estudante;
> "AI-1, AI-2, não entendo direito."
>
> Off:Vieram os Atos Institucionais. A limitação da liberdade dos brasileiros. Surgiu um poderoso sistema de repressão que os alunos estão conhecendo no palco.
>
> (sobe-som/ trecho da peça que se refere aos órgãos de repressão como SNI e DOI-CODI)
>
> Off:Época de cassações, sequestros, interrogatórios violentos e mortes nos quartéis. Brasileiros clandestinos em seu próprio país.

Sonora/estudante:
"Não dá para imaginar como era não poder falar o que você pensa. Algo tão normal."

Sonora de uma senhora paulista que relembra os tempos da ditadura:

"Invadiam casas, tirando pessoas. Achavam que todo mundo era comunista. Eu ficava apavorada."

Texto em caracteres sobre a foto de uma das vítimas da ditadura:

VLADIMIR HERZOG/JORNALISTA
A MORTE NA PRISÃO, EM 1975, FOI DIVULGADA COMO SUICÍDIO.

Sonora da mulher de Herzog:
"Quando saía algo assim no jornal a nossa leitura era: Mais um foi morto."

Off: O autoritarismo se radicalizou e a oposição também. Focos de guerrilha surgiram no país. Assaltos a bancos financiavam as ações. Sequestradores pediam como resgate a libertação de presos políticos.

Texto em caracteres sobre uma foto de Fernando Gabeira:

SETEMBRO/69. FERNANDO GABEIRA PARTICIPOU DO SEQUESTRO DO EMBAIXADOR NORTE-AMERICANO NO BRASIL.

Sonora/Gabeira falando sobre aquele período:

Off: Na década de 70, crise econômica, pressão popular contra a repressão. O gen. João Figueiredo deu meia volta: devolveu a liberdade aos presos políticos e a pátria aos exilados.

(sobe-som do pronunciamento feito pelo então presidente Figueiredo, em 28/08/79)

"O projeto restaura direitos políticos suspensos. Reintegra na vida partidária todos os que dela haviam sido afastados por crimes políticos."

Reportagem:
Luciane Bacellar

Edição de texto:
JLima

Passagem: A anistia foi o começo do fim do regime militar. Período em que as pessoas eram presas e torturadas em celas como essas no Dops de São Paulo por discordar ou criticar a ditadura. Só a democracia para permitir que um espaço como esse seja hoje transformado no Memorial do Cárcere, mas trechos dessa parte da História e o destino de alguns personagens ainda continuam na sombra.

Texto com caracteres sobre a foto de Rubens Paiva:
RUBENS PAIVA – DEPUTADO CASSADO, PRESO EM 71.
O CORPO NUNCA FOI ENCONTRADO.

Sonora/Marcelo Paiva – filho do deputado
"É a pior morte que existe porque não acontece nunca."

Off:Com a anistia se intensificou a busca por desaparecidos políticos. Há nove anos foi encontrado em São Paulo um cemitério clandestino onde foram enterradas vítimas do regime.

Sonora/Marcelo Paiva – falando sobre a anistia

Off:Um advogado que ajudou perseguidos políticos a fugir do país hoje coordena a indenização das famílias dos que não sobreviveram.
(off coberto com imagens de uma extensa lista com nomes de desaparecidos políticos)
Sonora do ex-Secretário dos Direitos Humanos José Gregori.
Ele informa que 280 casos de indenização foram aprovados e que o prazo para apresentação de pedidos será prorrogado.

(sobe-som/outro trecho da peça encenada pelos estudantes)

Sonora/Gabeira

"Anistia é um processo ainda inacabado. Há muita gente ainda que precisa ser contemplada – soldados, cabos, marinheiros. Mas, apesar de incompleta, foi boa. Viva a Anistia."

(sobe-som final com imagens de arquivo da década de 1970, de manifestantes pedindo a anistia para crimes políticos)

# VARIAÇÕES SOBRE O MESMO TEMA

Quando o editor-chefe precisa ganhar tempo para incluir alguma notícia de última hora, um dos critérios é sacrificar matérias que conservem a atualidade, e que possam ser exibidas no dia seguinte. É mais difícil que isso aconteça com matérias especiais, como a do aniversário da Lei da Anistia, mas mesmo essas não estão imunes a quedas. Outra alternativa é cortar e diminuir o tempo do VT. Ou ainda transformar a reportagem em nota coberta, em que o texto, menor, é gravado pelo apresentador. Às vezes é preciso radicalizar e transmitir a notícia em nota curta, sem imagens, conhecida por nota seca ou pelada, procedimento comum com matérias do dia a dia. Ficou confuso com tantos nomes? Acompanhe os exemplos:

Nota seca: Prorrogado o prazo para que parentes de mortos e desaparecidos políticos peçam indenização ao governo federal. O anúncio feito hoje marca os vinte anos da Lei da Anistia, que restabeleceu direitos políticos e trouxe de volta ao país exilados pelo regime militar.
Até agora, foram aprovados duzentos e oitenta pedidos de indenização.

Nota coberta: Parentes de mortos e desaparecidos políticos ganham mais tempo para pedir indenização.
O anúncio da prorrogação do prazo foi feito hoje, dia em que se comemora os vinte anos da Lei da Anistia.

(sobe-som do VT)

A Lei da Anistia restabeleceu direitos políticos cassados pelo regime militar e trouxe os exilados de volta ao Brasil.

(sobe-som/pronunciamento João Figueiredo)

Durante a ditadura, o advogado José Gregori ajudou perseguidos políticos a fugir do país. Hoje, como secretário dos direitos humanos, ele coordena a indenização às famílias de mortos e desaparecidos. Até agora, duzentos e oitenta casos foram aprovados.

Sonora/José Gregori explicando que esse número deve crescer com a prorrogação do prazo para a apresentação de novos pedidos.

Em televisão, a extensão de um texto é calculada por segundos. Antes do computador, o cálculo para saber quanto tempo seria preciso para a narração de um off era feito assim: a cada duas linhas, contavam-se três segundos. Hoje a máquina se encarrega dessa soma. Os números são escritos por extenso, para que se possa calcular o tempo necessário à fala.

Já as letras maiúsculas servem para que os apresentadores enxerguem melhor as páginas no *teleprompter* – equipamento adaptado às câmeras de estúdio que permite a visualização dos textos, lidos à distância por quem está na bancada.

## ESPELHO

À primeira vista, o espelho de um telejornal pode parecer indecifrável. Para entendê-lo é preciso decodificar abreviaturas, palavras soltas e números que aparecem em várias colunas: indicações da sequência das páginas, distribuição das matérias por bloco, o que deve abrir e fechar o jornal, tudo bem especificado. Dependendo da emissora, os termos variam.

Na TV Globo, por exemplo, a palavra "retranca" indica o tema de cada VT. A TV Bandeirantes foge do jargão jornalístico e – prefere dizer "assunto da história". A divisão de blocos pode ser "intervalo" ou *"break"*. O mesmo acontece com palavras como *net* e *link*, para designar as entradas ao vivo.

Apesar das diferenças, os espelhos incluem praticamente as mesmas informações e permitem planejar e visualizar o jornal que será exibido. Informam como a notícia será dada, se em nota seca ou em uma reportagem, se estão previstas entradas ao vivo etc.

Iniciais ou nomes dos apresentadores, âncoras ou comentaristas orientam a participação de cada um no jornal e também a movimentação das câmeras. Os nomes na última coluna indicam os responsáveis pela edição de cada matéria. Como é essencial controlar o tempo, todo espelho tem uma contagem rigorosa da duração de cada matéria, da leitura das cabeças e a soma total do que vai ao ar em cada bloco. Segue um exemplo fictício, em que aparecem as informações essenciais:

| PAG | NOTAS | RETRANCA | APRESENTADOR | TEMPO/ CABEÇA | TEMPO/ VT | TEMPO/ CABEÇA +VT | TEMPO TOTAL | EDITOR |
|---|---|---|---|---|---|---|---|---|
| 01 | VT | ESCALADA | JOSÉ/MARIA | 0:00 | 0:58 | | 0:58 | ED |
| 02 | VT | BSA/MÍNIMO | JOSÉ | 0:16 | 2:13 | 2:29 | 3:27 | ARI |
| 03 | NOTA | SPO/COPOM | MARIA | 0:28 | | 0:28 | 3:55 | TETE |
| 04 | VT | NY/CURA CÂNCER | JOSÉ/MARIA | 0:24 | 2:58 | 3:22 | 7:17 | LIA |
| 05 | NET | BSA/MIN.SAÚDE | JOSÉ | 0:23 | 1:30 | 1:53 | 9:10 | JOÃO |
| 06 | VT | PASSAGEM/BLOCO | MARIA/JOSÉ | 0:22 | 0:15 | 0:37 | 9:47 | ED |
| 07 | VT | VINHETA/JORNAL | ———————— | 0:00 | 0:00 | 0:00 | 9:47 | |
| 08 | NOTA | PAZ/IRAQUE | MARIA | 0:45 | 0:00 | 0:45 | 10:32 | LIA |
| 09 | VT | LDS/BAGDÁ | JOSÉ/MARIA | 0:30 | 2:30 | 3:00 | 13:32 | LIA |
| 10 | NOTA | ONU | JOSÉ | 0:30 | 0:00 | 0:30 | 14:02 | LIA |
| 11 | VT | PASSAGEM/BLOCO | MARIA/JOSÉ | 0:22 | 0:20 | 0:42 | 14:44 | ED |
| 12 | VT | VINHETA/JORNAL | ———————— | 0:00 | 0:00 | 0:00 | 14:44 | |
| 13 | VT | SPO/NOBEL | JOSÉ | 0:25 | 3:00 | 3:25 | 18:09 | TETE |
| 14 | VT | BSA/PESQUISA | MARIA | 0:20 | 1:40 | 2:00 | 20:09 | JOÃO |
| 15 | VT | POA/GANHADOR | JOSÉ/MARIA | 0:30 | 1:30 | 2:00 | 22:09 | ARI |
| 16 | NOTA | BOA NOITE | JOSÉ/MARIA | 0:20 | 0:15 | 0:35 | 22:44 | |
| | | STAND BY | | | | | | |
| | VT | AJU/PESCADOR | | | | | | ANA |
| | VT | SDR/BONFIM | | | | | | ANA |

ESCALADA/ABERTURA

| | |
|---|---|
| JOSÉ//VIVO | BOA NOITE |
| MARIA//VIVO | BOA NOITE |
| JOSÉ/VIVO | UMA VITÓRIA DA CIÊNCIA. FRANCESES DESCOBREM A CURA DO CÂNCER. |
| MARIA/VIVO | UMA CONQUISTA DOS TRABALHADORES: O SALÁRIO MÍNIMO SOBE PARA MIL E QUINHENTOS REAIS. |
| JOSÉ/VIVO | UM RECONHECIMENTO: BRASILEIRO GANHA O PRÊMIO NOBEL PELA DEFESA DO MEIO AMBIENTE |
| MARIA/VIVO | E O FIM DE UMA GUERRA: O EXÉRCITO AMERICANO DEIXA O IRAQUE. |
| JOSÉ/VIVO | É O QUE VOCÊ VAI VER AGORA.// |

# CAPÍTULO III

## A notícia na TV

Para os budistas, nem tudo é o que parece ser. A mente distorce, manipula, e a interpretação da realidade é mera ilusão. Para os filósofos, um fato não tem valor intrínseco, e sim aquele atribuído por quem o observa. Para os jornalistas, os assuntos são considerados relevantes à medida que interessam a um grande número de pessoas, quando causam impacto ou afetam a vida dos cidadãos. Esse conceito de notícia se aplica a todos os veículos. O que muda é a maneira como as informações são transmitidas. Cada veículo tem linguagem, limitações e recursos próprios.

## A FORÇA DA IMAGEM

Em reportagens externas, repórteres e cinegrafistas fazem um recorte da realidade ao formular uma pergunta, ao escolher um enquadramento. Uma imagem é capaz de garantir a veiculação de um assunto que talvez nem fosse ao ar se o cinegrafista não tivesse a sorte de captar o flagrante. Por exemplo, é curioso e inusitado ver um jacaré de dois metros de comprimento escondido debaixo de um carro, como ocorreu num estacionamento na Flórida, Estados Unidos. Tais fatos pitorescos, inusitados, além de aliviar a carga dos noticiários, despertam a curiosidade e atraem audiência.

Imagens também dão credibilidade e força à notícia, sobretudo às denúncias. Ler que Waldomiro Diniz, ex-subchefe da Casa Civil, exigiu propina quando era diretor da Loterj, no Rio de Janeiro, tem um peso. Vê-lo e ouvi-lo estipulando o quanto queria receber causou muito mais impacto.

Enchentes, comuns no verão em várias capitais brasileiras, normalmente são notícia apenas nos jornais locais. Entretanto, ganham dimensão nacional quando provocam tragédias ou produzem imagens dramáticas. Algumas foram marcantes, como aquela que obrigou um menino, em São Paulo, a subir no telhado carregando o sobrinho, um bebê, na tentativa de escapar da casa alagada. Ou a mãe, em Belo Horizonte, que perdeu os filhos soterrados durante um deslizamento de terra. Durante a reportagem, um dos cinegrafistas registrou o momento em que outra avalanche matou a única criança sobrevivente, que estava sendo resgatada.

Por outro lado, se uma imagem é capaz de incluir determinado assunto no telejornal, a falta dela não pode ser motivo de exclusão. Uma nota curta, lida pelo apresentador, cumpre a função de informar. Se o assunto merecer, pode-se optar por uma entrada com repórter, ao vivo do local. Esse recurso foi utilizado pelo *Jornal Nacional* para informar a morte do deputado federal Luis Eduardo Magalhães, filho do senador Antonio Carlos Magalhães. A notícia foi divulgada pouco antes do início do JN.

## CONTEXTO

Como avaliar se um incêndio na serra da Canastra, em Minas Gerais, é mais importante que a exumação do corpo da ex-guerrilheira Iara Yavelberg, para constatar se a morte foi por suicídio ou por assassinato durante o regime militar?

No primeiro caso, o incêndio ganhará importância se atingir grandes proporções, se provocar estrago significativo numa área de proteção ambiental. Já a exumação é notícia porque Iara Yavelberg era mulher do ex-capitão Lamarca, que desertou das Forças Armadas para lutar contra o golpe militar. O resultado dos exames pode ajudar a esclarecer, 32 anos depois, um ponto ainda obscuro desse período da história brasileira.

A análise desses dados é importante não só para avaliar a relevância da informação como para definir o destaque que será dado numa edição.

## ALGUNS OU MUITOS

Quando se diz que determinado assunto "é local, não vale rede" não significa que essa notícia seja menos importante que as outras. Quer dizer apenas que a notícia tem importância somente para o público do jornal local. Por exemplo: uma carreta gigante, enguiçada no cruzamento de duas avenidas de São Paulo, vai tumultuar o trânsito, provocar congestionamentos e atrapalhar a vida dos motoristas. Quem mora por perto ou vai passar pelo cruzamento precisa de informações para fugir do engarrafamento. Como os jornais locais devem refletir o dia a dia da cidade, o assunto merece um registro. Para um jornal de rede, transmitido para todo o país, o raciocínio é diferente. Se o problema é localizado não trará transtornos nem despertará o interesse de moradores de outras cidades.

Dependendo do desdobramento, uma matéria feita para o noticiário local pode crescer e interessar a toda rede. Se, ao cobrir uma greve de servidores da Saúde, o repórter flagrar pessoas morrendo na porta dos hospitais por falta de atendimento, o peso é outro, bem maior do que teria uma simples paralisação. O sistema de Saúde Pública atende a milhões de brasileiros em todo o país. Nesses casos, a identificação do telespectador com o que é mostrado também deve ser levada em conta, ensina Ivandra Previdi, editora do *Jornal Nacional*. "Se algo que acontece no interior de São Paulo refletir a realidade brasileira, todo mundo vai conseguir se enxergar na matéria. Então é rede", define.

## LINHA EDITORIAL

Não falamos de culinária com quem prefere ouvir sobre automobilismo. Ou de música clássica com quem prefere pagode. Também não devemos falar de macroeconomia, balança comercial, produto interno bruto com quem está interessado em saber apenas qual o efeito prático de determinada medida econômica no orçamento doméstico.

Para se comunicar é preciso ser ouvido e compreendido. Em função do público se define o enfoque das coberturas. Mas como saber que público é esse que nos assiste? O horário de exibição do telejornal é um forte indicativo.

Com exceção da faixa entre 19 e 22 horas, período considerado "nobre" por concentrar um número maior de pessoas assistindo televisão, os demais horários tendem a apresentar um público homogêneo. As pesquisas e o bom senso indicam que aposentados e donas de casa ficam a maior parte do tempo em casa. E também que a maioria dos adolescentes, mesmo os que trabalham, costumam almoçar com a família. Sendo assim, mães, filhos e avós são uma parte significativa da audiência dos telejornais que vão ao ar do meio-dia à duas da tarde, o que justifica reportagens sobre o comportamento dos jovens, quadros fixos sobre bandas musicais, novas tribos, matérias sobre economia doméstica, saúde, aposentadoria.

Telejornais exibidos tarde da noite, além de falar para outro público, têm o desafio de dar notícias que, normalmente, começaram a se desenrolar bem mais cedo e já foram ao ar mais de uma vez, ao longo do dia. Quando é possível avançar e mostrar o desfecho, ótimo. O imediatismo em televisão conta pontos. Notícia fresca "esquenta" o jornal. Mas, às vezes, até o final da história já foi revelado. Se no noticiário da noite o fato merecer apenas um registro, dá-se uma nota coberta. Para isso, trinta segundos de texto resolvem a questão.

Se o tema for relevante, como, por exemplo, uma votação importantíssima do Congresso, é preciso destacar o assunto. Nesse caso o ideal é ir além, analisá-lo e explicar as consequências da decisão, as repercussões em setores da sociedade etc. Esse tratamento representa um diferencial em relação aos telejornais já exibidos.

## RELATIVIDADE

O *ranking* provisório das notícias começa na reunião de pauta, no início do expediente. O editor-chefe deixa o encontro com a ideia do que vai abrir, fechar ou preencher o miolo do jornal. Elabora um pré-espelho, distribui os assuntos por blocos e estabelece um tempo aproximado para cada matéria. Se essa previsão vai se confirmar, só o desenrolar dos fatos poderá dizer. Tomadas de decisão são feitas o tempo todo, mesmo durante a exibição do jornal. O futuro pertence à "Nossa Sra. do Factual". Determinados acontecimentos têm o poder de virar de ponta cabeça tudo o que foi programado.

Imagine esta situação: O sequestro da filha do apresentador Silvio Santos, Patrícia Abravanel, teve um final feliz. No aconchego do lar, a moça deu entrevista coletiva, ao lado do pai, na sacada de casa. Tudo isso foi mostrado pela televisão. Na manhã seguinte, avalia-se que não vale a pena voltar ao assunto. Caso encerrado. De repente, começa tudo de novo. E de uma maneira difícil de acreditar. Chega o chefe de reportagem e comunica: "O sequestrador voltou e está agora mantendo refém o Silvio Santos".

Foi necessário reorganizar o dia, deslocar equipes e equipamento para transmissão ao vivo da casa do apresentador. Em casos como esses, que podem se arrastar e em que os desfechos são imprevisíveis, é reservado um tempo no telejornal para uma ou mais entradas ao vivo, além do espaço previsto para a reportagem. Naquele dia, por exemplo, diversas matérias programadas não entraram da edição do jornal: cederam espaço para a cobertura do episódio. Essa é a mecânica.

## NOTÍCIAS PASTEURIZADAS

Pierre Bourdieu, sociólogo francês e um dos mais ferrenhos críticos contemporâneos da mídia, afirmava que a imprensa se repete como num jogo de espelhos. Nesse ponto temos que dar a mão à palmatória. Telejornais são mesmo influenciados pelo destaque que os jornais impressos dedicam a um determinado tema. Da mesma forma, os jornais impressos correm atrás de notícias veiculadas pela televisão ou pelo rádio.

Claro que não é possível ignorar uma notícia relevante veiculada por outro órgão de imprensa. Se outros foram mais rápidos e conseguiram o "furo" de reportagem, o ideal é remediar, elaborando uma suíte com profundidade, avançando para complementar a informação. É preciso reconhecer que também corremos atrás de assuntos pura e simplesmente porque tiveram destaque em algum outro veículo. Nessas horas, a relevância da informação deixa de ser o critério. Isso gera distorções, como o famigerado *gilette press*: a elaboração de uma pauta baseada em informações já divulgadas, com os mesmos personagens, o mesmo enfoque e usando os mesmos dados.

Segundo Bourdieu: "a informação sobre a informação é o que permite decidir o que é importante". De fato, isso acontece, o que explica a grande semelhança no noticiário dos diferentes meios de comunicação. Como resultado temos o empobrecimento do exercício do jornalismo e a limitação de assuntos em pauta. Outra crítica era em relação ao que ele chamava de censura às avessas: a seleção que os jornalistas fazem diariamente dos temas que devem ter espaço na mídia.

Para o sociólogo, tais opções acabam "relegando à insignificância ou à indiferença expressões simbólicas que mereceriam atingir o conjunto dos cidadãos". Nesse ponto há divergências. É certo que todos os acontecimentos de um dia não cabem no espaço limitado dos jornais impressos, nem no tempo pré-estipulado dos telejornais. Escolher é inevitável; o que pode ser questionado são os critérios que fundamentam essas escolhas. Contra fatos não há argumentos, e certas notícias não podem ser preteridas. Por exemplo, o *impeachment* de um presidente da República, tipo de acontecimento que interfere no destino da nação.

Mas, realmente, há outras tomadas de decisão bem mais subjetivas que refletem a opinião de quem está no comando do telejornal. Existem editores-chefe que torcem o nariz para pautas sobre índios; outros não gostam de reportagens sobre velhinhos... E então esses temas são banidos apenas porque alguém os considera chatos, sem audiência ou porque desagradam aos patrocinadores. Tais motivos jamais deveriam justificar a exclusão de uma pauta, sobretudo se ela for relevante.

## CAMINHOS DA NOTÍCIA

Uma notícia pode nascer de um boato ou de uma denúncia anônima. Também pode chegar às redações via internet ou por meio do material enviado pelas assessorias de imprensa. Em busca de informações sobre a rotina da cidade os apuradores fazem as chamadas "rondas telefônicas": ligam várias vezes ao dia para a polícia, Corpo de Bombeiros, associações de bairros, Câmara de Vereadores e dezenas de outras "fontes fixas". Acompanham, ainda, os noticiários das emissoras de rádio, função que dá nome ao setor: radioescuta.

Numa equipe de telejornal, todos sugerem matérias, mas a responsabilidade maior é da produção, encarregada de elaborar pautas, e dos repórteres, que têm, ou deveriam ter, fontes seguras. Notícias exclusivas dependem muito desses profissionais. Mas, devido ao trabalho em "escala industrial", ao imediatismo e à falta de preparo, muitos repórteres apenas cumprem pauta. E, atualmente, não estão bem claros os papéis a serem desempenhados pelos pauteiros ou pelos produtores.

A função do pauteiro é marcar entrevistas, pedir autorização para a gravação de imagens, levantar dados por telefone, organizar essas informações e fazer um roteiro de trabalho para a equipe de reportagem. Já o produtor é aquele que fareja a notícia, que corre atrás da informação até juntar as peças do quebra-cabeça que compõe uma investigação. Ele é capaz de reconhecer temas relevantes, que podem se transformar em matérias, e que passariam despercebidos para os outros. Exerce a função de repórter, embora não apareça no vídeo. São os produtores que descobrem matérias capazes de diferenciar um telejornal de outro.

Nas grandes coberturas, todas as redações trabalham com o mesmo assunto, e é o diferencial que destaca o trabalho de uma equipe. Por exemplo: quando caiu o avião da Tam, em outubro de 1996, todos os veículos organizaram a seguinte cobertura: acidente, mortos, posição da empresa, localização do aeroporto num bairro populoso da capital paulista, entrevistas com quem presenciou a queda – o básico. Dentre essas, uma emissora se destacou ao localizar e ouvir o mecânico que fez a inspeção no avião pouco antes da decolagem, e que poderia revelar se havia problemas técnicos no aparelho.

Na falta de profissionais para levantar boas histórias, o que vemos é o jornalismo de calendário, feito de matérias repetitivas e datadas. Venda de chocolates na Páscoa, presentes mais vendidos no dia dos namorados, correria para entregar a declaração do imposto de renda, decoração de Natal nos *shoppings*, como administrar as dívidas do Natal e as despesas com impostos e educação, que se acumulam em janeiro... E por aí vai.

Para completar, há também a repetição de entrevistados. Observe como os especialistas nesse ou naquele assunto sempre são chamados a opinar nessa ou naquela emissora. São sempre os mesmos, por comodismo ou falta de tempo para procurar outras fontes, e o resultado é que os telejornais – de maneira geral – não surpreendem. "Os produtores não saem mais da redação, não circulam pela cidade com olhar e ouvido atentos", diz Nélio Horta, que já foi produtor do *Fantástico*, do *Jornal Nacional* e hoje é chefe da pauta do *Jornal da Band*.

Ele conta que quando começou a trabalhar, há vinte anos, os produtores não se contentavam em ser jornalistas apenas durante o expediente. Tinham o hábito de sair com seus caderninhos, anotando tudo, um número de telefone que poderia ser útil no futuro, o contato de uma dona de casa que havia feito um comentário interessante no supermercado, enfim, ficavam antenados para captar o que estava acontecendo ao redor.

Quando algo chamava a atenção, eles checavam, mesmo correndo o risco de perder tempo, já que nem tudo rendia pauta. Em compensação, se o assunto realmente valesse, a pauta era exclusiva, descoberta por iniciativa própria. Na era pré-internet, conseguir uma informação era difícil, o que forçava os produtores a aprender o caminho das pedras. Eles acabavam por descobrir onde procurar, a quem consultar. E assim cultivavam fontes. A internet algemou a produção. Já vem tudo pronto.

Nem sempre o repórter tem como checar na rua as informações da pauta. E essas informações não estão lá "de enfeite", serão utilizadas no off ou servirão de base para uma entrevista. Portanto, devem ser absolutamente confiáveis. A internet, com notícias *online*, é uma aliada pois atualiza quem está na redação durante a produção do jornal. Mas pode também ser uma ferramenta perigosa, depende de como os produtores se utilizam desse vasto banco de dados.

As novas gerações têm muita facilidade em encontrar o que procuram na internet. No entanto, é importante lembrar que o caminho mais fácil nem sempre é o melhor, nem o mais seguro. Nem toda informação disponível na rede de computadores é verdadeira. É preciso checar. Sempre.

## ASSESSORIAS DE IMPRENSA

Outro sinal dos tempos: o espaço que os *releases*, material de divulgação elaborado pelas assessorias de imprensa, conquistam hoje em dia no noticiário. No passado, eram ignorados. O que vinha das assessorias não era considerado notícia por estar vinculado demais aos interesses e estratégias de *marketing* dos clientes da assessoria. Atualmente, muitas dessas "sugestões de pauta" recebem tratamento jornalístico e viram notícia. Aliás, esse é o nome de uma assessoria de São Paulo – Virou Notícia Comunicações. Semanas antes da Páscoa de 2004, um e-mail enviado por uma assessoria começava assim:

Pauta: Os chefs e o Alimento dos Deuses – O Chocolate

A temperatura cai e os pratos dos principais restaurantes da cidade começam a se adaptar a essa mudança. O chocolate passa a ser o ingrediente mais usado nos pratos principais e nas sobremesas nessa época.

Na sequência vinham nomes de chefes de cozinha famosos, alguns pratos que eles elaboraram com chocolate, endereços e telefones dos respectivos restaurantes. E, para encerrar, curiosidades e a trajetória desse "alimento dos deuses através da história dos povos" e como as sementes de cacau desembarcaram no Brasil.

Imagine essa "sugestão" chegando às mãos de um produtor que está preparando uma pauta sobre chocolate, justamente porque matérias assim são comuns na Páscoa. Cai como uma luva. As assessorias sabem disso. Elas cresceram nos últimos anos como reflexo das demissões na grande imprensa. Trabalham nelas muitos jornalistas que já foram de revistas, televisão e jornais impressos. Eles conhecem a rotina das redações. Sabem o que interessa para cada tipo de mídia e oferecem de tudo: personagens para ilustrar as matérias, dados e especialistas para comentar seja lá que assunto for.

Um outro e-mail, de outra assessoria, enviado pouco antes de uma reunião do Copom – Comitê de Política Monetária, sugeria como "fonte" três economistas de uma consultoria de São Paulo. E justificava: "Os economistas poderão acrescentar sua visão sobre expectativas das taxas de juros e Selic, além de tendências do cenário econômico nacional". Pode parecer inocente, afinal presume-se que os jornalistas estão aptos a filtrar o que interessa do material enviado pelas assessorias. Embora muitos *releases* continuem sendo descartados, o aproveitamento desse tipo de informação tem sido cada vez maior.

Na falta de estudos estatísticos sobre o assunto, a prática comprova: transformar *press release* em matéria é conveniente para as assessorias e também para os pauteiros, que trabalham num ritmo acelerado e têm que dar conta de vários telejornais por dia. Mas, sendo uma das funções do jornalismo dar voz à sociedade, os sem-assessores de imprensa ficam em desvantagem. E o que parece uma facilidade criada para os jornalistas pode deturpar o trabalho de quem deveria buscar a notícia, encontrar personagens, escolher entrevistados. Só o tempo dirá quais as distorções que essa "parceria" pode gerar a longo prazo. Até que o futuro prove o contrário, parece mais saudável andar com as próprias pernas.

# CAPÍTULO IV

## Do *front* à base

O trabalho em televisão lembra o das linhas de montagem das fábricas, em que cada operário é responsável por uma etapa da produção. O repórter quase nunca sabe qual vai ser a próxima matéria. Normalmente, a cada dia cobre um assunto diferente. Antes de um repórter sair para uma externa, a produção checa a relevância do tema, os dados, os fatos e as fontes a fim de justificar a reportagem. Deslocar uma equipe custa caro e se a pauta não "render", não se sustentar, o editor-chefe corre o risco de ficar com um buraco no jornal na hora do fechamento.

Hoje, um dos vícios do telejornalismo é combinar toda a matéria na redação. Repórter e cinegrafista saem tendo em mãos um roteiro de trabalho "amarrado" com o nome dos entrevistados, local e a que horas estão marcadas as gravações, e o que se espera da matéria. Mas os que deixam a emissora tendo programadas as respostas que o entrevistado tem que dar pode perder a chance de ouvir ou ver algo bem mais original e interessante do que o planejado.

Pauta não pode ser uma camisa de força, até porque é produzida por telefone, na redação. Tem que ser complementada, enriquecida pelas testemunhas dos acontecimentos. Se a missão do repórter se limitasse a trazer exatamente o que a apuração levantou, ele seria dispensável. Bastaria orientar o cinegrafista para que captasse as imagens necessárias, e o editor redigiria o texto.

No trabalho de campo, a cumplicidade entre repórter e cinegrafista contribui muito para o bom resultado. Conversar sobre o encaminhamento da matéria com quem está gravando é fundamental para que haja sintonia entre texto e imagem. Para o repórter iniciante, cinegrafistas experientes são de grande ajuda, por já terem trabalhado com diversos profissionais e feito matérias sobre quase tudo. Eles, inclusive, costumam dar boas orientações sobre a postura correta no vídeo, o posicionamento do microfone, onde gravar para valorizar o cenário.

William Ribeiro Dias, cinegrafista com doze anos de experiência em telejornalismo e como *freelancer* em produtoras de vídeo, lembra de uma reportagem nos Lençóis Maranhenses, em que ficou impressionado com a exuberância da paisagem, as dunas e a água cristalina. Após capturar as imagens, percebeu que o repórter preparava para a passagem um texto árido, repleto de números – área da região, população – informações que poderiam ser dadas em off e ilustradas pelas imagens. Aconselhado pelo cinegrafista, o repórter mudou o enfoque e ressaltou a belezas naturais. Afinal, "Com aquele cenário, seria um desperdício" – segundo Dias.

Cinegrafistas atentos também podem conseguir imagens que traduzem a informação. Por exemplo, durante uma convenção política, o flagrante de duas lideranças do partido conversando ao pé do ouvido pode evidenciar articulações para uma disputa eleitoral. Se quem estiver com a câmera não souber o que está em jogo na reunião não registrará a imagem. Irá limitar-se a captar apenas os clássicos planos gerais pobres de significado.

Definir prioridades em parceria é primordial, pois o tempo é curto. Não adianta nada usar minutos preciosos fazendo uma bela imagem do pôr do sol se a reportagem é sobre reajuste da gasolina. Ao descobrir alguém que pode ilustrar a matéria, o repórter deve avisar ao cinegrafista. É ele quem vai garantir as imagens para o texto de apresentação desse personagem – quem é, o que faz, qual a relação com o assunto tratado. Isso é básico, mas alguns ainda se esquecem.

Boa pauta, imagens benfeitas e repórter competente facilitam o trabalho na etapa seguinte, a edição. Um bom editor de imagem, sensível, caprichoso, dá acabamento à matéria, cuida bem do áudio e valoriza o trabalho do cinegrafista, escolhendo as melhores cenas. Cabe ao editor de texto decidir o que será incluído ou excluído da matéria. Se ele não for bom o bastante ou se for inexperiente, poderá comprometer o empenho de todos, desperdiçando o material.

Fazer a ligação entre editores, departamento técnico e repórteres na rua é tarefa da chefia de reportagem. É uma função estratégica, que tem por atribuição deslocar as equipes de acordo com o desenrolar dos acontecimentos. Por exemplo: houve um desabamento na zona sul da cidade e é preciso checar se há mortos ou feridos. Qual equipe pode chegar lá mais rápido? É necessário enviar um helicóptero? O que é melhor: montar o equipamento para transmissão ao vivo ou interromper a programação com um plantão? Apurações feitas, as decisões serão tomadas em conjunto com as chefias de redação ou do jornal produzido naquele momento.

Durante o fechamento, cada minuto é decisivo. Nesse processo, o motoqueiro que sai pelas ruas resgatando fitas gravadas pelos repórteres também é essencial. Ele deve estar ciente da urgência do serviço que realiza. Nas redações costuma-se dizer, em tom de brincadeira, que os que não são rápidos nessa função deveriam trabalhar em floricultura, em que as entregas são bem-vindas mesmo com atraso.

Muitas vezes, o editor recebe a fita ou as últimas fitas da matéria com o jornal no ar. Se a pressa é inimiga da perfeição, o atraso – ainda que pequeno – fortalece perigosamente essa adversária. Nesses casos, a avaliação do material é feita na correria, o que pode comprometer a escolha. Na falta de tempo, a alternativa é usar o primeiro trecho da entrevista que se encaixar na estrutura da reportagem. E, só com muita sorte, ele será o melhor.

O editor de imagem sente-se forçado a cobrir a matéria a metro, o que significa "esticar" as cenas para não perder tempo com os cortes, sacrificando a estética e, às vezes, até o entendimento do que vai ao ar. É o divórcio entre a palavra e a imagem. E todo esse esforço ainda pode ser em vão: se não vencem a corrida contra o tempo, a matéria não é exibida.

## SABOR DO SABER

Quando o repórter possui boa cultura geral encontra mais facilidade para buscar algo diferente, contextualizar ou mesmo entender os acontecimentos com a agilidade que a televisão exige. Além da leitura diária, e obrigatória, dos jornais, o repórter deve ler um pouco de tudo – "de bula de remédio a teses de doutorado", ensinavam os jornalistas mais velhos. Se preferir enxugar um pouco a lista, tudo bem, exclua a bula dos remédios. Mas não deixe de ler escritores como Guimarães Rosa, Graciliano Ramos, Euclides da Cunha, Jorge Amado. Esses e tantos outros que oferecem, além de uma leitura prazerosa, exemplos de textos bem escritos e ricos em vocabulário.

Conheça bem este país, a história política recente. Quem foram os presidentes Getúlio Vargas, João Goulart, JK. Como os militares se instalaram no poder. O que significou a vitória de Tancredo Neves e porque ele não assumiu a presidência. Que fatos ocasionaram o *impeachment* de Fernando Collor de Mello. Por que FHC se reelegeu e como Lula chegou ao poder.

E muito, muitíssimo mais. Não precisa ser profundo conhecedor de artes plásticas, mas tem que ter uma noção, saber quem foi Di Cavalcanti, Portinari, Tarsila do Amaral. O mesmo se aplica à música, ao teatro, à dança, enfim, a todas as áreas.

Não se sabe se é verdade ou folclore, mas muita gente brinca com essa história. Ao cobrir uma exposição de arte, no Rio de Janeiro, uma repórter teria dito algo como: "Os quadros de Di Cavalcanti e Di Portinari". A preciosidade teria sido encontrada, pelo editor, no texto gravado na fita de reportagem. Imagine uma bobagem dessas dita ao vivo!

Assistir a filmes também é um bom exercício para quem faz televisão. Serve para observar a boa fotografia, edição de imagem, sonorização, ritmo de narrativa, movimentos de câmera e roteiro. Cursos de especialização em áreas como Ciências Políticas, Economia e História não costumam trazer aumentos salariais, mas agregam conhecimento, ferramenta indispensável para qualquer jornalista. E, durante uma cobertura em que o repórter tem que explicar ao vivo, para milhões de pessoas, um fato que acabou de acontecer, ser bem informado faz muita diferença.

## PLANOS E ESPANTOS

> *Eu acho que deveria adverti-los, se eu for particularmente claro, que vocês provavelmente entenderam errado o que eu disse.*
>
> Alan Greenspan

Essa declaração do presidente do FED, Banco Central dos EUA, mostra como pode ser difícil a comunicação entre as fontes da área econômica e os jornalistas.

Entre 1986 e 1994, a moeda brasileira mudou cinco vezes. O dinheiro desvalorizava com os sucessivos cortes de zeros. Saber sobre o rendimento do *overnight* e de outros investimentos era essencial para quem recorria a aplicações financeiras, uma forma de preservar o poder de compra.

Do Cruzado de José Sarney ao Real de Fernando Henrique Cardoso foram sete planos econômicos. Na década dos planos, o telejornalismo fazia um serviço de utilidade pública ao "desembrulhar" e explicar os pacotes de medidas. A cada mudança de curso da economia, a população precisava de informações para recalcular as finanças pessoais.

Foram muitas entradas ao vivo e reportagens sobre os vários congelamentos de preços, os índices que mediam a variação de preços para o cálculo de reajustes e sobre as mudanças na política salarial. Foi também um aprendizado lidar com esses temas em coberturas ao vivo e explicar assuntos tão complicados em matérias curtas, como exige o telejornalismo. Os repórteres ficavam em intermináveis plantões na porta dos ministérios, recorrendo às fontes na tentativa de antecipar as medidas acertadas nos gabinetes do governo.

Economia é um assunto que pode não agradar a todo mundo, mas tem espaço garantido nos noticiários. É uma área com vocabulário próprio que transforma relatórios e entrevistas em códigos indecifráveis para quem desconhece o "economês". E não adianta apenas entender o significado das palavras, é necessário interpretar as informações para explicar o que muda na vida do cidadão no dia seguinte ao anúncio de uma medida. Dizer que o dólar subiu não basta, tem que mostrar quais são os preços calculados com base na moeda americana, se vão aumentar e atingir o orçamento doméstico. É preciso que o telespectador perceba que aquele assunto pode interessar também a ele.

"Eu não sei nada de economia, mas conheço quem sabe", costuma dizer Edson Torres, que gosta de estudar a matéria e já fez mais de uma dezena de cursos. O editor executivo do *Jornal 10*, do Canal 21, com passagens por editorias de economia da TV Globo e TV Cultura, se refere à agenda que todos repórteres e editores que cobrem essa área devem ter, com telefones de analistas financeiros, institutos de pesquisa e consultores do mercado, que podem solucionar dúvidas na hora de fechar uma matéria.

Foi recorrendo a esses profissionais que, em janeiro de 1999, Torres conseguiu decifrar uma frase enigmática do então presidente do Banco Central, Francisco Lopes. "Depois de mostrar vários gráficos ele afirmou que o que governo estava fazendo não era uma mudança na política cambial, mas apenas um deslocamento diagonal endógeno da ptax", lembra Torres. Depois de ouvir profissionais do mercado financeiro, descobriu que se tratava da criação de um modelo para a desvalorização do real. "Era uma bogagem, tanto que dois dias depois o câmbio foi liberado."

Repórter de Economia tem que agir como um paciente que tem uma doença grave diagnosticada: recorrer a diferentes profissionais, ouvir mais de uma opinião. Especialistas que fazem análises do mercado financeiro também têm interesse em aparecer e defender o próprio ponto de vista. Esse serviço é vendido aos clientes que precisam de informações para determinar investimentos e fechar negócios. Mas há várias linhas de pensamento econômico e muitas opiniões divergentes. Portanto, ouvir mais de uma fonte é essencial.

A internet facilitou muito a vida de quem trabalha com economia. Há sites com gráficos e documentos oficiais, índices, pesquisas do IBGE, dados sobre as finanças nacionais e internacionais. Se o acesso às informações está mais fácil, permanece o desafio de descobrir o que as cifras e números escondem. Como dizia o ex-ministro Roberto Campos: "Estatística é igual biquíni de mulher, mostra tudo, menos o essencial".

## EM *OFF*

Dinheiro, vaidade e poder são alguns dos motivos que levam as fontes a passar informações. Muitos escândalos que acompanhamos foram divulgados por desafetos dos acusados. No governo de Fernando Collor, foi uma entrevista do irmão Pedro à revista *Veja* que desencadeou o processo de impeachment. Nesse caso, a fonte se expôs, mas o mais comum é que o denunciante peça a proteção do anonimato – é a declaração *off the record* e faz parte da ética dos jornalistas preservar a identidade desses entrevistados. É preciso estar atento para não ser manipulado, não servir de instrumento para interesses pessoais nem exibir notícias falsas ou meias verdades. Se a apuração criteriosa de uma notícia é regra, quando conseguida em off a checagem precisa ser ainda mais rigorosa.

Até a rede britânica BBC, que se firmou como exemplo de produção de notícias e conquistou respeito internacional, enfrentou uma polêmica com fontes mantidas no anonimato. O episódio envolveu a morte de David Kelly, assessor do governo britânico para armas químicas. Ele teria se suicidado depois de ser apontado como a pessoa que passou informações em off para uma reportagem. A matéria questionava dados do dossiê sobre o arsenal iraquiano – documento que teria sido "apimentado" para respaldar a declaração de guerra contra o Iraque. A questão foi parar nos tribunais porque o governo britânico se queixou de não ter sido ouvido. A justiça britânica criticou duramente a conduta da BBC, desencadeando, na emissora, a demissão do presidente, do diretor-geral e do autor da reportagem. Críticas que levaram a rede britânica a repensar as diretrizes do jornalismo e a discutir o uso de fontes anônimas.

A relação com as fontes é delicada – envolve confiança, mas sem comprometer o distanciamento crítico. "O jornalista não deve ter amigos no poder e sim fontes", diz Armando Nogueira, referindo-se à cobertura em Brasília, no artigo feito para o livro *Lições de Jornalismo*. E acrescenta: "O que me preocupa neste desterro de Brasília é que ali convivem, quase que em permanente promiscuidade, jornalistas e homens poderosos. Um dia tropeçamos em um ministro, encontramos um senador e, de repente, estamos jantando com deputados, somos convidados para uma recepção do ministério e não conseguimos mais avaliar a qualidade das informações que os políticos nos passam."

No Caso Collor a imprensa cometeu abusos, segundo Marcelo Beraba, que na época era secretário de redação e hoje é *ombudsman* da *Folha de S.Paulo*. Ele acredita que muitos jornalistas sucumbiram ao jogo de interesses para conseguir informações passadas pelos deputados que fizeram parte da CPI responsável pela apuração de irregularidades no governo. "A ânsia por revelações exclusivas engavetou os procedimentos de controle indispensáveis em qualquer reportagem. O que predominou a partir de um determinado momento no grosso do noticiário foram reportagens mal apuradas, incompletas, incompreensíveis e, muitas vezes, levianas. Na correria provocada pela competição e pelo fechamento, valia tudo."

Se o Caso Collor revelou desvios, também foi uma bela oportunidade para o exercício do jornalismo investigativo competente. Beraba lembra que muitos jornais destacaram profissionais experientes para buscar informações além das que eram fornecidas pela CPI, e muitas reportagens importantes foram feitas com base nisso.

A apuração desse esquema de corrupção mexeu também com a estratégia de cobertura dos telejornais. Nas televisões são raros os repórteres "setoristas", o que torna mais difícil a proximidade necessária para a criação de vínculos com as fontes. Isso mudou durante a CPI, e profissionais de Brasília passaram a acompanhar as várias linhas de investigação. Um deles foi o jornalista Valteno de Oliveira, na época repórter da Rede Bandeirantes.

Valteno acompanhou o trabalho da Polícia Federal, do Ministério Público e, depois, o processo que correu no Supremo Tribunal Federal: a descoberta de contas no exterior, o rastreamento de informações fora do país, o destino do avião de Paulo César Farias, o Morcego Negro. "Tinha que estar atento a muitos detalhes e documentos, era preciso checar os dados da polícia, cruzar informações com os levantamentos do Ministério Público. Sem conhecer os procuradores e os delegados isso seria impossível."

Naquela época, jornalistas se esgueiravam pelos elevadores do prédio da Polícia Federal para chegar às salas onde ficavam as equipes designadas para o caso PC. Uma vez descobertos, eram convidados a se retirar. Como podiam almoçar no restaurante frequentado pelos delegados, não perdiam a oportunidade de se aproximar deles. "Íamos com a maior cara de pau, nos apresentávamos e despejávamos perguntas durante a refeição", revela Valteno. Houve dias em que o repórter não fechou matéria. Assim, podia optar por investir em uma linha de investigação, ou simplesmente fazer contatos para estabelecer novas fontes.

## COLHENDO OS FRUTOS

Faltavam duas semanas para o Real entrar em circulação e curiosamente já era usado como pagamento na capital da República. O fato estava sendo investigado e Valteno conseguiu a informação em primeira-mão de fontes da Polícia Federal que se mantinham fiéis desde o Caso Collor. Conseguiu também o endereço de duas padarias na Vila

Planalto, um bairro de Brasília, que tinham recebido como pagamento moedas de Real. Lá ele encontrou o repórter William França, que era da *Folha de S.Paulo*. Os dois descobriram que o dinheiro estava com catadores de papéis. Fizeram uma parceria: saíram às ruas da Vila Planalto perguntando a cada catador que encontravam se ele sabia da história, se conhecia quem teria as tais moedas. Uma das pessoas abordadas contou que um homem chamado Manoel Pernambucano tinha encontrado as moedas no lixo e revelou onde ele poderia estar. Os dois jornalistas seguiram para o lugar indicado. Era preciso correr porque certamente outros repórteres iriam atrás da história.

Algumas horas depois, finalmente, encontraram "seu" Manoel. Ele confirmou que tinha comprado pão, cachaça e uma carroça com moedas de Real, dinheiro que afirmou ter encontrado numa caçamba de lixo do Senado Federal. O furo daquela noite estava garantido. "Uma sindicância apurou que as moedas saíram da agência do Banco do Brasil, no Senado. Uma funcionária, por descuido, deixara cair dois pacotes de cem moedas de um Real no lixo", recorda Valteno.

# CAPÍTULO V

## Jornalismo investigativo

*Numa democracia, o povo tem todo o direito de conhecer tudo aquilo que afeta os seus interesses.*

Jack Anderson

Jornalismo investigativo é uma modalidade de jornalismo ou todo jornalismo é, ou deveria ser, investigativo? Afinal, qualquer reportagem – em maior ou menor grau – requer apuração. O que difere as reportagens investigativas das demais é o tom crítico. Elas denunciam crimes, desvios. Trazem à tona corrupção, abuso de poder e muitas vezes mexem com as instituições – polícias Civil e Militar, poderes Legislativo e Judiciário. Todas essas tiveram o nome de funcionários, alguns de alto escalão, envolvidos em escândalos recentes.

Investigação é um trabalho que exige fôlego, paciência e apuração criteriosa. A "boa" denúncia apresenta provas irrefutáveis. Pode até ser questionada, mas nunca desmentida. Caso contrário é "denuncismo" – palavra que não se encontra nos dicionários, mas é como se convencionou chamar a divulgação de acusações infundadas ou mal apuradas que denigrem a imagem de pessoas inocentes, afetam a credibilidade do jornalismo ou terminam com a absolvição dos acusados por falta de provas.

Um episódio lembrado como exemplo de jornalismo irresponsável é o da Escola Base, que foi depredada e fechada em 1994 depois da denúncia de que alunos haviam sofrido abuso sexual. As informações foram repassadas aos jornalistas pelo delegado que conduzia as investigações. O caso virou escândalo e ganhou dimensão nacional. Por falta de provas o inquérito foi arquivado e a imprensa, obrigada a se retratar. Em situações como essa os danos são irreparáveis.

O promotor criminal José Carlos Blat já participou da investigação de vários casos rumorosos e é procurado com frequência por jornalistas que buscam parceria com o Ministério Público para a apuração de denúncias. Afirma que nessa convivência pôde perceber que poucos fazem investigação com profundidade, com seriedade. Na opinião dele, há os irresponsáveis e uma grande parcela que padece mesmo é de inexperiência, falta de conhecimento técnico. Outro mal é o comodismo que leva a um perigoso excesso de confiança.

Ele lembra da cobertura do escândalo que envolveu fiscais da prefeitura de São Paulo na cobrança de propinas de comerciantes e camelôs. "Cada vez que saíamos ou entrávamos no prédio os repórteres queriam saber se havia novidades e a maioria publicava sem checar. Eles reproduziam o que a gente havia dito minutos depois, em entradas ao vivo na TV e no rádio."

Essa é uma conduta típica do jornalismo ineficiente, burocrático e declaratório. Pecado muitas vezes cometido em nome do imediatismo exigido pelas redações e da necessidade de manter um assunto no noticiário. Apuração dá trabalho e demanda tempo. Na falta de documentos que comprovem uma denúncia, há jornais que publicam declarações com aspas e canais de televisão que levam ao ar entrevistas para sustentar a tese não confirmada pela apuração.

O recomendável é analisar com juízo crítico toda informação – mesmo a de uma autoridade –, buscar comprovação dos fatos, cruzar informações com o maior número possível de fontes. Para ser bem-sucedido nessa tarefa é preciso identificar e correr atrás de quem conhece o assunto que se pretende abordar. Mas não é só com declarações que se faz uma matéria investigativa. É fundamental saber onde buscar os dados.

O primeiro exercício é aprender a manusear a lista telefônica. Navegar na internet é outro. Bens declarados ao Tribunal Regional Eleitoral, por exemplo, podem evidenciar se um político teve um aumento suspeito no patrimônio desde a última eleição. Cartórios também guardam provas de enriquecimento ilícito ou falcatruas e até mesmo o *Diário Oficial* pode trazer boas pautas se lido com paciência e por olhos treinados.

# DIREITO À INFORMAÇÃO

Uma das funções do jornalismo é fiscalizar administrações públicas. O monitoramento das políticas e dos recursos públicos encontra resistência em todos os níveis da administração e nos três poderes da República. A Constituição Federal de 1988, que fincou as bases da democracia no país depois de 21 anos de regime militar (1964-1985), prevê, no inciso XXXIII do Artigo 5º, que "todos têm direito a receber dos órgãos públicos informações de seu interesse particular, ou de interesse coletivo ou geral, que serão prestadas no prazo da lei, sob pena de responsabilidade, ressalvadas aquelas cujo sigilo seja imprescindível à segurança da sociedade e do Estado".

Esse artigo nunca foi regulamentado, e a demora indica o ritmo lento com que se desenvolve a transição democrática no Brasil. A busca por transparência avançou ao longo dos anos, mas o acesso a documentos oficiais continua dependendo dos interesses políticos e da boa vontade dos administradores. Isso resulta em censura e manipulação de dados.

Uma das razões da falta de transparência é de ordem histórica e remete às raízes autoritárias e centralizadoras do Estado brasileiro e de sua burocracia. Autoridade, entre nós, está associada a privilégios. Governantes e servidores se acham no direito de não prestar contas aos cidadãos.

No entanto, jornalistas não devem se conformar quando não obtêm dados que deveriam estar disponíveis. E sim formalizar pedidos por escrito, com argumentos constitucionais que garantam o direito de acesso a informações públicas e, caso persistam as negativas, devem entrar com ações judiciais. Vários jornais e jornalistas fizeram isso nos últimos anos, e obtiveram êxito.

# MICROCÂMERA

Para se fazer jornalismo investigativo é indispensável também ter algum conhecimento jurídico, acredita o produtor Robinson Cerântula, que teve participação importante na apuração de quase todas as denúncias que a TV Globo de São Paulo levou ao ar nos últimos anos. Robinson é daquele tipo incansável que não sossega até desvendar uma investigação. É capaz de farejar boas informações circulando pelas delegacias e tribunais, ou se debruçando sobre boletins de ocorrência, processos, denúncias e inquéritos. Depois de vinte anos de experiência, afirma conseguir avaliar, inclusive, se uma denúncia está formulada corretamente.

Essa intimidade com as leis também o ajuda na apuração de matérias sobre corrupção, quando tem que percorrer cartórios, pesquisar em bancos de dados ou analisar dossiês. "Sem conhecer os limites da lei, a gente ainda corre o risco de caminhar na ilegalidade", diz Robinson, referindo-se à utilização da microcâmera para o registro de flagrantes. É uma ferramenta importante porque dá credibilidade e força às denúncias, mas o uso esbarra na violação do direito à privacidade. Por isso, para que as imagens sejam aceitas como prova, é preciso que uma das pessoas gravadas autorize a filmagem e em hipótese nenhuma o jornalista deve induzir o crime. Se ele oferecer dinheiro na tentativa de provar que um policial é corrupto, e o dinheiro for aceito, será um flagrante forjado e o jornalista responderá por isso criminalmente.

Para o promotor José Carlos Blat há uma banalização do uso da microcâmera. Embora isso não seja crime, ele questiona o uso excessivo e desnecessário. Acredita ser essa uma forma de manipular o público, uma vez que essas imagens chamam a atenção por estarem associadas às notícias de impacto, às denúncias exclusivas.

## INTERESSE PÚBLICO

O trabalho de investigação da imprensa em conjunto com o Ministério Público já levou à condenação de contrabandistas, comerciantes, políticos, juízes, delegados, policiais militares, funcionários públicos, investigadores de polícia. Mas há quem questione a legitimidade dessa parceria e acuse o Ministério Público de usar a imprensa para produzir provas. E também à imprensa de se beneficiar das informações passadas pelo Ministério Público.

Criticado inclusive pelos colegas, Blat defende esse tipo de atuação e afirma que todo mundo sai ganhando: sociedade, Estado, imprensa e mesmo as instituições, alvo da investigações. A sociedade ganha porque os criminosos vão para a cadeia; o Estado porque, sozinho, não teria estrutura para levantar e apurar as denúncias. Quando os casos ganham respaldo oficial, a imprensa se beneficia. Quanto às instituições, passado o mal-estar inicial, sempre há uma reestruturação interna positiva.

Como exemplo, cita o caso da corregedoria criada depois que uma fiscal do trabalho foi presa em flagrante tentando extorquir 29 mil reais do dono de um motel. A denúncia foi levada ao Ministério Público por Celso Teixeira, repórter da TV Record. "As críticas que recebo não têm relevância frente à repercussão processual que essas denúncias ganham. O que me interessa é apurar os fatos e tirar essas pessoas da rua. E estabeleço sempre uma relação ética. O que é sigilo de justiça eu não revelo" – diz o promotor.

A prática ensina que por trás de uma denúncia há sempre algum interesse. Quando alguém envolvido no crime decide falar, normalmente é porque foi passado para trás pelos cúmplices. O Ministério Público, porque as denúncias ganham visibilidade. As vítimas se manifestam quando estão numa posição desconfortável. Os inimigos, quando querem prejudicar desafetos. No meio disso tudo, é importante saber com quem se está lidando e, na hora de dar a notícia, levar em conta apenas o interesse público.

É imprescindível fazer uma apuração coerente e responsável; mas falta preparo para isso. De maneira geral, a imprensa brasileira não tem tradição em jornalismo investigativo. Por duas décadas, a censura imposta pelos militares limitou o trabalho dos jornalistas. Só nos anos 80 a imprensa escrita passou a investir de forma mais sistemática em reportagens desse gênero.

Na televisão, elas surgiram ainda mais tarde – na década de 1990. Antes tarde do nunca. A partir do momento em que começaram a ser feitas, essas reportagens mostraram que o telejornalismo investigativo provoca impacto e resultados que nenhum outro veículo é capaz de conseguir – tanto pelo alcance quanto pelo poder da imagem. Dois casos emblemáticos foram a Favela Naval e a Máfia dos Fiscais.

## FAVELA NAVAL

No dia 3 de março de 1997, um cinegrafista se escondeu com uma câmera num dos barracos da Favela Naval, na divisa entre Diadema e São Bernardo do Campo, municípios da Grande São Paulo. Queria flagrar os desmandos dos policiais militares que atuavam na região e conseguiu captar um material impressionante: cenas de tortura, espancamento, extorsão. Em um dos trechos, um policial, depois identificado como soldado Otávio Lourenço Gambra, atirava em direção a um carro e não se sabia se o disparo havia atingido alguém. O material gravado foi divulgado pela Rede Globo 28 dias depois. Nesse período, uma exaustiva investigação jornalística foi realizada para identificar as vítimas e os algozes fardados. Produtores e repórteres assistiram várias vezes às cenas gravadas em busca de pistas. Depois de anotar as placas que apareciam nas imagens, o produtor Robinson Cerântula partiu para o levantamento dos proprietários dos carros e do endereço deles. Também visitou várias vezes o Instituto Médico Legal que atende a região da Favela Naval e fez amizade com os funcionários, ganhando a confiança deles. Foi assim que descobriu o registro de uma morte violenta no dia da operação policial. A vítima era o conferente Mario José Josino. O produtor anotou o endereço que estava no laudo e foi para lá com uma equipe de televisão. O depoimento dos parentes confirmou que o disparo feito pelo soldado Otávio Lourenço Gambra tinha matado Josino.

Conversando com os moradores da Favela Naval foi constatado que quase todas as vítimas se conheciam. Uma delas era o músico Silvio Calixto, que durante a blitz havia apanhado atrás de um muro. Robinson conseguiu chegar até a casa dele e o músico concordou em dar um depoimento, desde que não fosse identificado nas imagens. Ele confirmou o espancamento. É uma situação em que "não se pode fazer o convencimento da vítima, mas sim esclarecer a importância de uma declaração como essa. Senão, depois a pessoa pode se arrepender e voltar atrás ao perceber o risco que está correndo", afirma Robinson Cerântula. Ele também ensina: "não é possível fazer uma investigação sem ir ao local do crime, avaliar as distâncias, e checar a consistência dos depoimentos".

As imagens fortes e o rico material reunido pelas equipes tornaram possível manter o assunto no noticiário durante uma semana. A primeira matéria mostrou imagens da violência policial. Nos dias seguintes foram ao ar matérias exclusivas, estratégia que segurou a audiência e chamou a atenção até da imprensa internacional. Curioso é que a história já havia sido publicada no *Diário do ABC,* mas só virou escândalo nacional quando as cenas chocantes foram ao ar, num telejornal em horário nobre.

Quando a reportagem foi ao ar, o Ministério Público já tinha recebido cópia da fita e investigava o caso. "Cheguei a encontrar com o Robinson no IML", lembra o promotor José Carlos Blat, "mas não sabia que uma emissora também tinha uma cópia da fita". Por seguirem as mesmas pistas, os caminhos dos dois se cruzaram algumas vezes, mas ambos mantiveram sigilo sobre as apurações.

Quando as cenas da Favela Naval foram exibidas, nove dos dez policias envolvidos já estavam presos. O soldado Ricardo Luiz Buzeto era o único foragido. Na ocasião, Robinson foi à Justiça Militar procurar o inquérito, conhecer o processo contra o policial. Estava no lugar certo na hora certa: lá encontrou o advogado de Buzeto. O produtor propôs que o policial contasse sua versão numa entrevista. Dias depois, advogado e cliente foram até o prédio da TV Globo, onde o policial gravou depoimento.

Todos os PMs envolvidos foram expulsos da corporação, menos o soldado Adriano Lima de Oliveira, que na data da blitz cumpria o primeiro dia em serviço. Três anos depois, apenas o soldado Otávio Gambra continuava preso. "Esse episódio foi importante porque até então a palavra de um policial era inquestionável no meio jurídico", afirma José Carlos Blat, promotor do caso.

## MÁFIA DOS FISCAIS

No setor de radioescuta da TV Globo teve início a apuração que desencadeou um inquérito sobre corrupção que entrou para a história de São Paulo. Soraia da Silva, comerciante, telefonou para a emissora e avisou que fiscais da prefeitura exigiam dinheiro para liberar o alvará de funcionamento da academia de ginástica que ela pretendia inaugurar. A denúncia só foi levada adiante porque um jornalista teve a paciência de ouvir atentamente o relato. José Carlos de Moraes percebeu que a história merecia ser investigada e alertou a produção. Regina Prado, produtora, também se interessou. Entrou em contato com Soraia e, convencida de que se tratava de uma denúncia consistente, ofereceu a pauta à emissora – e foi aprovada.

Valmir Salaro, repórter, e o produtor Robinson Cerântula foram escalados para cobrir o caso. O primeiro encontro com Soraia foi na academia de ginástica, ainda em reformas. Ela explicou que quando fez o contrato de locação não sabia que o imóvel não tinha planta aprovada nem alvará para funcionar como ponto comercial. Segundo os fiscais, tais irregularidades incorriam em multa de sessenta mil reais. E fizeram a proposta: reduzir o valor para trinta mil, num acerto "por debaixo dos panos". Julgando-se vítima de extorsão, Soraia concordou com os jornalistas em armar um flagrante. Conforme combinado, Robinson a acompanharia à Regional de Pinheiros para definir a forma de pagamento da propina.

Com uma microcâmera escondida, ele se passou por namorado de Soraia. Na primeira vez o casal não foi atendido pelo chefe dos fiscais, Marco Antonio Zeppini – com quem deveria ser feito o acerto. Ao retornarem, foram recebidos por Zeppini, que, ao notar que ela estava acompanhada, alegou não poder recebê-la naquele dia. Além da microcâmera, uma equipe foi deslocada para o caso. Repórter e cinegrafista faziam plantão do lado de fora do prédio para garantir a imagem da prisão, quando acontecesse o flagrante. Mas, após três semanas sem obter resultados, a chefia de reportagens julgou não valer a pena investir na denúncia.

Como a insistência de Robinson e Valmir para que o trabalho fosse levado adiante fora em vão, os dois decidiram agir por conta e risco. Deixaram Soraia e o Ministério Público de sobreaviso e, assim que tiveram uma oportunidade, voltaram à Regional de Pinheiros com câmera, microcâmera, a comerciante, dois policiais militares e um promotor de justiça ligado ao Grupo Especial de Combate ao Crime Organizado.

## MOMENTOS DECISIVOS

"Soraia e eu já estávamos há quarenta minutos numa sala de espera e a fita da microcâmera era de uma hora. Comecei a ficar preocupado porque se demorasse mais um pouco eu corria o risco de presenciar o flagrante sem poder registrá-lo" – lembra Robinson Cerântula. O produtor viu que não tinha escolha. Foi ao banheiro voltar a fita e então percebeu outro problema: a bateria começava a dar sinais de que não aguentaria muito mais tempo. Por sorte, em seguida os dois foram chamados pelo chefe dos fiscais, Marco Antonio Zeppini.

"Me sentei de frente para ele, preocupado com o eixo da câmera, porque estava escondida dentro de uma mochila e o enquadramento poderia não ficar dos melhores". Outra preocupação era fazer com que o chefe dos fiscais falasse. Para deixá-lo à vontade, Robinson foi logo explicando que além de namorado era o sócio de Soraia, que os dois já tinham investido muito no negócio e que não teriam como pagar a multa. Foi o suficiente. Zeppini "abriu o bico", e a microcâmera registrou o diálogo curto:

Zeppini – Trinta.
Robinson – Como paga?
Zeppini – Em três.
Robinson – Três de quanto?
Zeppini – Três de dez.

Rapidamente Soraia pegou o talão de cheques. Preencheu o primeiro, mas quando virou a folha percebeu que só tinha mais uma. "Por essa eu não esperava e disse sem pensar muito – o outro mandamos depois. Zeppini pegou os dois cheques e guardou numa gaveta" – conta o produtor.

Quando a porta da sala foi aberta, entraram os policiais militares que aguardavam do lado de fora, e encontraram provas suficientes para a prisão do chefe dos fiscais. Na gaveta, além dos cheques de Soraia, estavam outros dezenove, somando oitenta mil reais. Robinson Cerântula se identificou como jornalista da TV Globo e perguntou se Zeppini queria se defender.

O homem que comandava uma das principais subprefeituras da cidade foi algemado em silêncio. As primeiras imagens da prisão ainda foram feitas com a microcâmera. Em seguida, entraram o repórter, o cinegrafista e o promotor. Em cima da mesa foi encontrada uma agenda com nomes, códigos e valores. Era o balancete da propina, peça que seria importante no decorrer das investigações. Começava a ser desvendada ali a Máfia dos Fiscais.

## DESDOBRAMENTOS

O flagrante rendeu matéria de três minutos, exibida pelo *Jornal Nacional*. No dia seguinte, todos os jornais repercutiram o fato e entraram na cobertura. José Carlos Blat lembra que, numa entrevista para o *Jornal da Tarde*, informou que denúncias envolvendo fiscais da prefeitura poderiam ser feitas por telefone. Foi criado o disk-denúncia e o número – 232-1162 – estampado na primeira página do JT. Esse telefone também foi divulgado nos telejornais locais da TV Globo, que continuaram no assunto. "Passamos a receber de cem a duzentas ligações por dia e pela primeira vez se montou em São Paulo uma força-tarefa para apurar esse tipo de crime", afirma o promotor.

Nesse caso, trabalharam em conjunto cinco promotores, oito delegados, dez fiscais da Receita Federal, trinta fiscais da Secretaria da Fazenda e mais de cem policiais. Descobriu-se que várias regionais participavam do esquema e que, além de exigir propina para facilitar a abertura de empresas e aprovação de plantas, os fiscais também extorquiam dinheiro dos camelôs. O trabalho de investigação resultou em cento e vinte inquéritos, quatrocentas pessoas indiciadas e quarenta condenações.

Dos cinco políticos acusados de participar da Máfia dos Fiscais, três tiveram o mandato cassado. Vicente Viscome, ex-vereador, ainda está preso: no inquérito, a ex-namorada e confidente tornou-se a principal testemunha de acusação. Viscome foi condenado a doze anos de prisão pelos crimes de formação de quadrilha e concussão – extorsão praticada por funcionário público.

Até hoje o caso apresenta desdobramentos. Segundo Blat, trezentas pessoas estão sendo processadas e, em 2004, o ex-deputado Hannah Garib foi condenado a vinte anos de prisão. Na sentença consta que Garib ficava com parte do dinheiro e era o mentor intelectual da organização criminosa. Mas, por ter respondido ao processo em liberdade, terá o direito de recorrer também em liberdade.

A primeira denúncia contra ele foi feita em fevereiro de 1999, em entrevista ao vivo no estúdio do SPTV. O presidente do Sindicato dos Camelôs, Afonso José da Silva, acusou Hannah Garib de comandar o esquema de arrecadação de propina no centro da capital. Mesmo assim, Garib ainda foi eleito deputado estadual. Seis meses depois, foi cassado por falta de decoro parlamentar e preso por tentar subornar testemunhas e por prejudicar as investigações sobre a Máfia dos Fiscais. Foi solto por ordem da Justiça.

Quase seis anos depois do flagrante na Regional de Pinheiros, registrado em dezembro de 1998, Robinson Cerântula ainda se lembra dos detalhes. Para ele, o pior momento foi quando Zeppini, o ex-chefe dos fiscais, passou a chave na porta assim que o casal entrou na sala. Robinson teve receio de ser descoberto. "A gente tem que controlar a emoção, ficar frio", ensina.

Outra recomendação para quem pretende atuar nessa área é ser cético sempre. "Se você acredita ou desconfia logo de cara de uma denúncia ou de um indício de prova já fecha o foco, limita o horizonte". A reportagem que Robinson ajudou a construir pode não ter acabado com a corrupção, mas, convenhamos, foi mesmo um belo exercício do bom jornalismo. Prova disso foi a mobilização da população ao fazer milhares de denúncias que ajudaram a identificar corruptos e desbaratar a quadrilha que atuava na prefeitura de São Paulo.

# CAPÍTULO VI

## Cobertura internacional

Há dez anos, editores de internacional ficavam de olho nas máquinas de telex e esperavam por horas a chegada das imagens. Hoje, acompanham transmissões ao vivo e recebem informações em tempo real pela internet. É deles a missão de reunir esse material e avaliar o que pode ser oferecido na reunião de pauta, de assistir às imagens que chegam do exterior e selecionar o que pode ser usado em notas cobertas.

Se a empresa tem correspondentes no exterior, esse profissional também coordena o trabalho feito nos escritórios, o que inclui a discussão do conteúdo e do encaminhamento das matérias. Falar inglês é obrigatório. Para ter uma visão mais ampla e acessar o maior número de fontes, é ideal dominar também o espanhol e um pouco de francês. Assim será possível conhecer diferentes abordagens e pontos de vista sobre um mesmo tema.

Todas as emissoras recebem material semelhante. Cerca de 80% das notícias internacionais que circulam hoje no mundo são produzidas por quatro grandes agências americanas e europeias, segundo o levantamento publicado no livro *A manipulação do público*, de Edward S. Herman e Noam Chomsky. São elas: Associated Press United, Press International, Reuters e Agence France Press.

Conhecimento e perspicácia política ajudam a buscar nos noticiários internacionais um enfoque para o público brasileiro. Também permitem discernir a relevância de um fato e reservar um tratamento menos frio e pasteurizado às notícias. Para essa função, é fundamental conhecer história e ter noção de economia, até porque com a globalização, crises financeiras em países distantes têm reflexos imediatos nas bolsas brasileiras, só para citar um exemplo.

A difusão de novas tecnologias deu maior agilidade às coberturas. Durante a guerra do Vietnã, por exemplo, as equipes de televisão ainda trabalhavam com filmes e a matéria só ia ao ar três, quatro dias depois. O material viajava de avião até a Europa ou Estados Unidos, onde era editado e exibido. Atualmente, os repórteres falam ao vivo de qualquer parte do planeta utilizando equipamento portátil de transmissão por satélite. Esse equipamento possibilita que muitos correspondentes internacionais trabalhem praticamente sozinhos – fazem a pauta, gravam, editam e geram o material para a emissora no Brasil. Um sistema de produção que favorece os deslocamentos dos jornalistas e reduz custos.

Quem já trabalhou em escritórios internacionais conta que eles funcionam com equipes reduzidas e têm que atender a vários jornais. Por isso, só começam do zero – buscando personagens, entrevistados, levantando estatísticas – quando as matérias são pautadas pelos editores no Brasil. Ou, por exemplo, quando algum banco ou analista avalia negativamente a economia brasileira. Ou, ainda, quando produtores descobrem nos jornais impressos notícias de pé de página, às vezes inexpressivas no exterior, mas que podem render uma reportagem de interesse por aqui. Nesses casos, as agências não têm imagens para oferecer. Então, é preciso ir a campo para produzir integralmente a matéria.

A maior parte do noticiário internacional que vemos na televisão brasileira não é produzida por equipes brasileiras. Quando se trata de notícias do dia, com frequência os repórteres fazem o texto com base nas informações das agências e gravam a passagem do local onde estão sediados, longe dos acontecimentos. Quando muito, fazem uma entrevista complementar.

Nem sempre foi assim. Os primeiros correspondentes da TV Globo produziam as reportagens do começo ao fim. Até o final dos anos 70, eles eram os únicos que apareciam no *Jornal Nacional*. Nessa época, os repórteres aqui no Brasil faziam a apuração e gravavam as entrevistas, mas o texto era feito pelo editor e narrado pelos apresentadores – como uma nota coberta. Naquele período o noticiário nacional era mantido sob severo controle e censura do regime militar.

Em 1973, quando o país estava à mercê das arbitrariedades impostas pela ditadura, o então presidente Emílio Garrastazu Médici sintetizou, numa entrevista a *Folha de S.Paulo*, o descompasso entre o conteúdo dos noticiários nacional e internacional:

Os noticiários que acompanho regularmente, no fim da noite, são verdadeiros tranquilizantes para mim. Vejo tanta notícia desagradável sobre a Irlanda, o Vietnã, os índios americanos, no que diz respeito ao Brasil está tudo em paz.

## 11 DE SETEMBRO

Uma das maiores coberturas internacionais dos últimos tempos pegou o mundo de surpresa, e os jornalistas, desprevenidos. Na manhã de 11 de setembro de 2001, a reunião de pauta do *Jornal Hoje*, em São Paulo, já havia acabado e cada editor começava a tocar as tarefas do dia quando chegaram as primeiras imagens da CNN, que mostravam a fachada de um prédio atingido por um avião.

Ainda não se sabia a dimensão do acidente, mas o apresentador Carlos Nascimento já se preparava para entrar ao vivo e dar as primeiras informações. Ele conta que até aquele momento as agências internacionais traziam poucos dados e o escritório da TV Globo, em Nova York, também não sabia ao certo o que estava acontecendo. "Inicialmente, foi um voo cego. Já se sabia que ali não era rota de aviões. Também me chamou a atenção o céu claro, o tempo bom. Tudo isso deixava o acidente meio esquisito, mas ninguém falava em terrorismo."

Quando o segundo avião se aproximou do World Trade Center, Nascimento julgou que fossem cenas do primeiro acidente, feitas de outro ângulo. "Foi quando alguém entrou na redação dizendo que era um outro avião. Como a informação foi confirmada em seguida pelo ponto eletrônico, narrei o segundo atentado ao vivo". A partir daí as emissoras americanas passaram a manter a legenda "América sob Ataque" na parte debaixo da tela. O dia estava só começando. Ninguém podia imaginar que ainda viriam o atentado ao Pentágono e a queda de um avião na Pensilvânia.

## VIRADA DE JOGO

Na véspera, Toninho do PT, prefeito de Campinas, cidade do interior de São Paulo, havia sido assassinado. Na manhã do dia 11 de setembro, depois da reunião de pauta, a cobertura do crime para o *Jornal Hoje* tinha sido acertada com a EPTV, emissora afiliada. Um repórter abriria o jornal, ao vivo do velório, com as últimas informações. Depois, chamaria a reportagem contando o caso. A praça de Nova York combinara transmitir um desfile de modas. Esses e todos os outros assuntos que estavam programados para o dia foram atropelados por uma sucessão de imagens apocalípticas.

Um novo jornal chegou a ser planejado. A ideia era repercutir os atentados com o governo brasileiro, embaixadas, analistas e mostrar como aquilo tudo estava mexendo com as pessoas no país inteiro. Parte da equipe de editores continuou nesse trabalho, falando com as emissoras dos outros estados e editando sonoras e imagens feitas em São Paulo. Outra parte fez um mutirão com a editoria internacional, recolhendo informações das agências. Uma hora antes do início do telejornal, a direção de jornalismo da emissora decidiu suspender a edição daquele dia. Nascimento permaneceria na bancada fornecendo informações sobre o atentado.

## PROVA DE FOGO

O jornalista ficou por cinco horas em transmissão ao vivo. Era preciso mantê-lo atualizado, mas no início havia mais perguntas do que respostas. Não se conhecia a autoria do atentado, nem a dimensão da tragédia – quantos passageiros estavam nos Boeings sequestrados pelos terroristas? De onde saíram esses aviões? Qual o número de mortos e feridos no ataque ao World Trade Center? "Algumas anotações chegavam para mim escritas à mão e, como tinha muita gente tentando ajudar, os dados vinham repetidos. Era preciso separar e organizar tudo aquilo antes de falar", lembra.

Pouco a pouco as dúvidas foram se esclarecendo. Soube-se que os aviões que se chocaram contra o WTC decolaram de Boston pouco antes das oito horas, pelo horário local. Um deles era da United Airlines e levava 156 passageiros, sete comissários e dois pilotos. O outro era da American Airlines e viajava com 81 passageiros, nove comissários e dois pilotos. Tais informações ajudaram o apresentador a esclarecer os telespectadores. Mas, a certa altura, as imagens ficaram repetitivas e não havia dados novos. "Numa situação como essa você tem que se preocupar em não dizer obviedades, nem o que não tem certeza e muito menos se deixar levar pelo sensacionalismo, pela emoção barata", ensina o apresentador.

Por não ser especialista em assuntos ligados ao terrorismo internacional, para improvisar, Nascimento se valia dos conhecimentos sobre guerras e estratégias militares. Lembrou aos telespectadores o ataque japonês a Pearl Harbor – base americana no Pacífico – para dizer que desde a Segunda Guerra Mundial o território norte-americano não sofria um ataque.

Das nove da manhã à uma da tarde, ficou sozinho na bancada. Depois desse longo período, passou a contar com o reforço da jornalista Ana Paula Padrão. Por ter feito uma série de reportagens no Afeganistão, ela poderia colaborar com informações sobre a Al-Qaeda. Pelas características do atentado, analistas americanos atribuíam os ataques à essa organização terrorista, comandada por Osama bin Laden.

Aquele foi o primeiro dia da longa cobertura do maior atentado da história mundial. Inédito, por ser ao vivo, e surpreendente, por ter como alvo a maior potência do planeta.

## CAPÍTULO VII

**Guerra de audiência**

O telejornalismo tem críticos de sobra. Quando afirmam que damos às notícias tratamento superficial, pouco analítico, vá lá. Com exceção das grandes coberturas ou reportagens especiais, as matérias têm em média um minuto e meio de duração. Mas muitos exageram, generalizam. Afirmam – com certo desprezo – que tudo o que é feito em TV é menor ou que tem por trás uma visão mercantilista. Ou, ainda, invocam a teoria conspiratória de que tudo o que vai ao ar tem o objetivo maquiavélico de manipular a opinião pública. Quando juntam TUDO no mesmo balaio, torna-se maledicência.

Todos os jornalistas, sem exceção, precisam do público. Comunicar implica transmitir informações, ideias, opiniões. Portanto, é necessário ter ouvinte, leitor, telespectador. Ou não? Nesse sentido, o veículo televisão tem algumas vantagens. Em relação ao rádio, por apresentar imagens. Comparada ao jornal, por ser mais democrática. Não se paga para ver a televisão aberta e não é necessário ter o domínio da língua – pré-requisito para o entendimento das notícias publicadas. Tais características tornam a TV acessível aos ricos e aos pobres, aos cultos e aos analfabetos.

Enquanto jornais impressos diminuem a tiragem, a área de abrangência da televisão aumenta. Atualmente, são 48 milhões de aparelhos de televisão no Brasil, e a audiência é importante também do ponto de vista empresarial. Com exceção das TVs públicas, qualquer veículo de comunicação – rádio, jornal, televisão – visa ao lucro. O faturamento das emissoras depende do número de telespectadores. Quanto maior o público de um canal ou programa, mais caro a emissora pode cobrar pelos espaços publicitários. É assim que funciona, e é inegável que as redações sofram pressão para elevar o número de telespectadores.

O Ibope realiza pesquisas de audiência nas dez maiores capitais brasileiras. Em apenas duas cidades da América do Sul, opera com um sistema que mede a audiência em tempo real: Santiago, no Chile, e São Paulo, no Brasil. Na região metropolitana de São Paulo esse levantamento começou a ser feito em 1988 e inclui 540 domicílios. Com base em dados do IBGE, é verificada a distribuição socioeconômica da população. Assim são definidas as pessoas que melhor representam o gosto do telespectador em diversos segmentos da sociedade.

Nas casas que participam da pesquisa é instalado o *people meter*, aparelho que fica conectado à televisão. Os moradores são cadastrados (por idade, sexo, situação econômica etc.) e recebem um número, em um tipo de controle remoto. Ao ligar a televisão, cada pessoa deve acionar o próprio número.

Com esse sistema, o Ibope é capaz de saber não apenas a quantidade de pessoas que assiste a determinado canal, como também identifica, por amostragem, o perfil desses telespectadores – homem ou mulher, criança ou adulto, renda, a que horas liga a TV, entre outras informações. O *people meter* permite um monitoramento capaz de fornecer às redações o número de telespectadores de cada canal, minuto a minuto. Esse recurso mexeu com a estratégia das emissoras na "guerra" por audiência. Quem comanda um programa pode utilizar essas informações para decidir se aumenta ou reduz o tempo disponível para determinada atração. Em um telejornal, pode significar a interrupção de uma entrevista ao vivo que não desperte a atenção, ou a permanência no ar de um assunto que aumentou o número de telespectadores.

A audiência interfere, inclusive, na linha editorial. Se determinado telejornal perde público, é necessário trazer de volta essas pessoas. Nessa tarefa, o Ibope colabora realizando, sob encomenda, as pesquisas qualitativas. Simplificando: reúne-se um grupo de pessoas que têm o perfil do telespectador de telejornal. Elas assistem a algumas edições, informam sobre o que gostaram e o que desejariam ver, e também os assuntos pelos quais se interessam. Baseado nesses dados, o editor-chefe pode orientar as pautas para atender às expectativas. O ideal é conquistar o público com um produto bem acabado, com informação de qualidade – de preferência, exclusiva.

Como os telespectadores são seduzidos é que "são elas". A guerra por audiência gerou distorções porque é trabalhoso reinventar, ser criativo, ousado, inovador. Para não correr o risco de investir numa ideia que pode fracassar, as emissoras copiam, repetem fórmulas que já caíram no gosto do telespectador. Explorar a miséria humana é infinitamente mais barato.

## SENSACIONALISMO

No princípio foi o *Aqui, Agora*. Estreou em 1991 com o *slogan* "o telejornalismo vibrante que mostra a vida como ela é". Tinha a missão de alavancar a audiência do SBT, e conseguiu. Chamou a atenção por inovar o formato. Reportagens iam ao ar sem, ou quase sem, edição ou cortes, em um plano sequência. E o conteúdo era polêmico.

Criado nos moldes do programa argentino *Nuevo Diário*, o *Aqui, Agora* exibia assuntos policiais em tom sensacionalista. Chegou a mostrar, ao vivo, em julho de 1993, o suicídio de uma adolescente. Foi extinto em 1997, mas "fez escola". Como erva daninha, programas semelhantes proliferaram. Investidos de uma autoridade auto-outorgada, apresentadores surgem na tela falando alto, dedo em riste, e se dizem indignados com a impunidade. Cinicamente, pedem o fim da violência, matéria-prima de seus produtos. Utilizam-se de temas grotescos ou sem a menor relevância para fazer muito estardalhaço.

Na esteira desses, vieram os programas de auditório que misturam entretenimento, informação, fofoca sobre celebridades, sorteios, *shows* musicais. "Isso não é jornalismo. É circo" – define o jornalista Eugênio Bucci, presidente da Radiobrás e crítico de TV. Na opinião dele, tais programas confundem o público ao dizer que fazem reportagens, e, inclusive, "ao usar em vão a expressão jornalismo, estão contribuindo para abalar a credibilidade de uma instituição vital para o funcionamento da democracia".

Quando o *Aqui, Agora* estreou, a fórmula "quanto mais sangue, melhor" era novidade na televisão, mas não no jornalismo impresso. Crimes, sexo e curiosidades sobre a vida de pessoas famosas ajudam – até hoje – jornais do mundo inteiro a conquistar leitores. Em São Paulo, o *Notícias Populares* ganhou notoriedade ao explorar esse filão. Nem por isso todos os jornais impressos são sensacionalistas ou fazem parte da "imprensa marrom". O mesmo raciocínio deve ser aplicado à televisão para que se evite comparações questionáveis.

Em junho de 2004, no dia seguinte à prisão do empresário Law King Chong, acusado de ser o maior contrabandista do país, o jornalista Nelson de Sá afirmou em sua coluna, na *Folha de S.Paulo*: "O deputado Luiz Antonio de Medeiros uniu-se à polícia federal e ao *Jornal Nacional* para um show em horário nobre. O flagrante que o deputado encenou para uma tentativa de suborno lembrou o velho *Aqui, Agora*".

Referia-se à matéria exibida pelo JN que mostrou, além da prisão, imagens feitas anteriormente. Nestas, Chong oferecia dois milhões de dólares ao deputado. Segundo o próprio Medeiros, seria o pagamento para que o relatório final da CPI da Pirataria abrandasse as acusações contra o contrabandista. Matérias que revelam a ação de um empresário que fez do suborno uma prática para barrar investigações de negócios escusos não podem ser jogadas na vala comum do sensacionalismo. Curioso é que a *Folha de S.Paulo* também acompanhou a prisão e cobriu o assunto com destaque. Reportagem que mereceu chamada de capa e duas páginas inteiras no primeiro caderno.

## O FURO

No exercício do jornalismo, a busca frenética e diária por novidades impactantes desencadeia distorções. A ânsia de divulgar uma informação antes da concorrência pode sacrificar a apuração criteriosa. Foi o que aconteceu em 1999, quando o ex-recordista mundial de salto triplo João Carlos de Oliveira, o João do Pulo, estava internado em São Paulo, em estado grave. Na época, a TV Globo se precipitou ao anunciar a morte do atleta.

Divulgar uma informação exclusiva antes da concorrência dá prestígio a um veículo de comunicação. Demonstra agilidade e competência, mas a credibilidade vem da precisão da notícia. Nem sempre é fácil lembrar disso quando estamos envolvidos no calor de uma cobertura. É importante saber que divulga melhor uma notícia quem a apura direito, e não quem informa primeiro. De que adianta oferecer em primeira mão uma informação equivocada e ter que se desmentir depois? Em televisão se erra em público, perante milhares, milhões de testemunhas. Mesmo pequenos deslizes adquirem notoriedade assustadora. Basta aparecer no vídeo o nome de uma cidade com a grafia incorreta para "chover" telefonemas.

Muitíssimo mais grave é forjar uma informação em busca de audiência. Em 2003, o apresentador Gugu Liberato exibiu no programa *Domingo Legal* uma entrevista com dois supostos membros do PCC, facção criminosa que age nos presídios paulistas. Tratavam-se de personagens fabricados, e o sensacionalismo na TV foi apanhado em flagrante delito. A reação do público pôde ser medida pela audiência, que despencou depois da comprovação de que a entrevista era uma farsa. Tamanha resposta reforça a tese de que o telespectador não é tão alienado, como defendiam os críticos da indústria cultural.

Essa fórmula fácil e barata de garantir público e receita levou a um questionamento ético: afinal, qual o limite aceitável entre informação e espetáculo de mau gosto? Aliás, pesquisas do Ibope revelam que "o feitiço está virando contra o feiticeiro". Na grade das programações, o jornalismo "mundo cão" começa a perder espaço, e o tempo dos programas diminuiu.

Tal mudança reflete a nova postura dos anunciantes, que começam a perder interesse por esse tipo de espaço publicitário, mesmo sendo barato. "O índice de audiência é moeda no mercado publicitário", sentencia Derli Pravato, gerente de atendimento do Ibope. Mas com a ressalva de que, se o conteúdo editorial não for bom, muitos anunciantes temem ter a imagem associada a um programa de baixa qualidade.

O telespectador também está debandando. Nos últimos três anos, as pesquisas do Ibope têm registrado queda na audiência dos telejornais "policialescos". *Cidade Alerta*, da Record, e *Repórter Cidadão*, da Rede TV! perderam quase a metade dos telespectadores no período. Já a audiência do *Brasil Urgente*, da Rede Bandeirantes, chegou a ter uma oscilação positiva, mas está em queda. Seguindo a lógica do mercado, o destino de programas com baixa audiência e poucos patrocinadores é sair do ar para dar espaço a atrações mais rentáveis.

Jean Baudrillard, sociólogo francês e crítico ácido dos meios de comunicação, questiona: é a mídia que induz as massas ao fascínio ou são as massas que desviam a mídia para o espetacular? Considera que especialmente os meios eletrônicos contribuem para o processo de "desrealização", uma vez que a observação direta dos acontecimentos é substituída por uma teleobservação, e o contato com a realidade é perdido. "A televisão torna-se, então, um simulacro do que acontece e, em vez de comunicar, esgota-se na encenação da comunicação", defende Baudrillard. E vai além, acredita que a comunicação instantânea desencadeia uma sucessão vertiginosa de informações – situação que reduz o tempo de reflexão, dá aos fatos uma roupagem virtual e provoca perda da dimensão histórica dos acontecimentos.

## IMAGEM /AÇÃO / IMAGINAÇÃO

Imagem é uma representação do real. Ao transmiti-la, a televisão transforma o telespectador em testemunha. Sentados no sofá de casa, presenciamos, ao vivo, um atentado terrorista em Nova York. Conhecemos lugares onde nunca vamos pisar e o que pensam pessoas que jamais encontraremos. Um fato só se torna realidade se tomarmos conhecimento dele. Caso contrário, fica restrito ao universo em que ocorreu. Sendo assim, os meios de comunicação podem interferir na forma como percebemos a realidade.

Imagens da tortura de iraquianos por soldados norte-americanos, de militares dos Estados Unidos assassinados e esquartejados, deram materialidade à violência que faz parte da rotina do Iraque ocupado. Uma realidade que nós – à distância – provavelmente desconheceríamos não fosse o registro das câmeras, que foi exibido para o mundo. São Tomé já pregava: é ver para crer – e a televisão abre essa possibilidade.

O Rio de Janeiro enfrenta problemas com a violência. Mas certamente seus habitantes não têm a mesma impressão da cidade que os que apenas assistem às coberturas dos confrontos entre policiais e traficantes. Isso não significa que os tiroteios não devam ser exibidos, mas os conflitos urbanos são apenas um aspecto da rotina carioca. Esse recorte da realidade limita a visão, e o que é uma particularidade pode assumir a dimensão do todo.

Que os meios de comunicação têm um poder transformador na sociedade não há dúvida. O difícil é mensurar o grau de interferência na percepção da realidade. "Não estamos falando de uma experiência de laboratório", diz Esther Hambúrguer, professora de Ciência da Comunicação da Universidade de São Paulo. O último debate entre Fernando Collor e Luis Inácio Lula da Silva na eleição presidencial de 1989 desencadeou discussões sobre a influência da televisão. A edição feita para o *Jornal Nacional* foi criticada porque teria favorecido a Collor. "A chance do debate ter influenciado é grande. Estamos falando de um episódio às vésperas de uma eleição, mas não dá para encontrar causalidade em tudo, acreditar que alguém manipula intencionalmente e controla o processo inteiro, o tempo todo", afirma a professora.

Na opinião dela, é preciso aprofundar os estudos para se chegar a uma conclusão. "Os jornalistas trabalham imaginando o que o público quer ouvir. Nem sempre acertam, mas há uma intenção de diálogo. Então acho importante entender melhor essa dinâmica." Hoje, as pesquisas estão mais voltadas para a recepção das mensagens. O foco é o público. Seria necessário analisar o processo de produção das informações, o que é levado em conta na definição de uma notícia e as condicionantes envolvidas nessa relação: emissora, tipo de programa, horário de exibição.

Até o início da década de 1990, quando as classes D e E não eram consideradas consumidoras, a televisão era feita para a classe média. Por conseguinte, a periferia recebia uma programação melhor. Veio o Plano Real, que aumentou o poder aquisitivo da população e a compra de eletrodomésticos. Entre 1993 e 1996 foram vendidos mais de dez milhões de televisores e o número de casas com aparelhos aumentou em 5,5 milhões, segundo pesquisa do IBGE/PNAD.

Quando os mais pobres passaram a fazer parte do público-alvo das emissoras, o que se viu foi a criação do telejornalismo sensacionalista e cheio de estereótipos. Por falta de controle – o que não quer dizer censura – o nível da programação caiu muito nos últimos anos. Um agravante é que as redações estão cada vez mais jovens, o que as torna menos experientes. Com rapidez assustadora, estamos perdendo as referências, inclusive as éticas e morais, transmitidas por jornalistas mais antigos.

# POR OUTRO CAMINHO

Telejornalismo disputa a atenção dos telespectadores que buscam diversão nas programações. O público gosta de receber informação, mas de maneira interessante, comportamento que vale também para os jornais e revistas. Não é de hoje que os noticiários buscam capturar o público pela emoção. Essa preocupação existe desde os primórdios, quando o jornalismo tinha uma roupagem literária.

Não levar em consideração essa característica é ingenuidade. A análise é do crítico de televisão Eugênio Bucci, para quem esse é um aspecto que se torna negativo quando a prática da sedução do público é exagerada: "Você transforma as notícias em peças de degustação na guerra e na paz, na miséria e no luxo. Sempre tem uma ponta de entretenimento e isso nivela um pouco".

Bucci considera essa fórmula incapaz de promover a inclusão política, tornar o cidadão informado, em condições de igualdade em relação aos demais para participar dos debates nacionais. É necessário que se complemente as informações dos telejornais com leitura, debates, participação e engajamento. "É discutível dizer que essa é uma limitação da televisão, mas é uma limitação do emprego que o veículo recebeu do capitalismo de mercado que a gente tem hoje", afirma.

A TV Cultura, de São Paulo, por exemplo, procura outro caminho para a produção de notícias, batizado de jornalismo público. Em 2004 a emissora lançou um guia para orientar o trabalho na redação. "A gente não cede à tentação do espetaculoso, da sensacionalização da notícia, porque nós não temos que nos resignar ao imperativo da audiência", afirma Nivaldo Freixeda, editor de qualidade e autor do *Guia de Princípios da TV Cultura*.

Essa emissora de São Paulo não depende dos anunciantes, recebe do governo do Estado cerca de 70% do seu orçamento, o suficiente para cobrir as despesas de manutenção e o pagamento de pessoal. Recursos públicos garantem independência em relação aos desígnios do mercado, mas nos últimos anos não têm sido suficientes para os investimentos. No fim da década de 1980 a emissora fez a última renovação de equipamentos, defasados em relação à tecnologia disponível no mercado. Na década seguinte houve grande corte de pessoal – praticamente 20% dos funcionários foram demitidos.

A proposta do jornalismo público é restringir o número de temas e aprofundar as informações. "As pessoas precisam entender mais do que saber. Com a exibição vertiginosa de 25 notícias numa edição você sabe de tudo, mas não entende nada." Freixeda critica a permanente busca do novo e dos conflitos que tocam a emoção, e não a razão, dos telespectadores. O raciocínio é que essa opção gera distorções, e fatos importantes podem ser "maquiados" ou substituídos por outros considerados mais interessantes.

A TV Cultura é a primeira emissora do país a ter um *ombudsman*, figura já existente nos jornais impressos e nas emissoras de rádio. Esse profissional tem a missão de fazer uma análise crítica do conteúdo e da qualidade do que é exibido. É pago pelo veículo de comunicação para defender os interesses e o ponto de vista do público.

Apesar das boas intenções, a TV pública brasileira não tem a força, a projeção e a audiência alcançadas por emissoras com perfil semelhante em outros países, como é o caso British Broadcasting Coorporation (BBC), na Grã-Bretanha, e da Public Broadcasting Service (PBS), nos Estados Unidos. A rede pública norte-americana que reúne as TVs educativas é financiada por doações privadas, instituições de ensino e por fundos públicos. A inglesa é sustentada por uma taxa paga pelos telespectadores. PBS e BBC são referências de padrão de qualidade para as emissoras comerciais não só nos países em que operam, mas em todo o mundo.

Liberdade de imprensa e de expressão, e conquistas democráticas, garantidas pela Constituição, não deveriam servir de álibi para a exibição de programas com excesso de violência e obscenidade, que estimulem o preconceito ou transmitam qualquer outro conteúdo ofensivo. Para evitar tais abusos, muitos países criaram instâncias para monitorar as programações e punir eventuais exageros.

## GRÃ-BRETANHA

Em dezembro de 2003, os britânicos criaram o Ofcom (Office of Communications). Essa superagência regulamenta as telecomunicações e a radiodifusão na Grã-Bretanha. Nasceu da fusão de outros cinco órgãos reguladores, entre eles o BSC (Broadcasting Standards Comission) e o ITC (Independent Television Commision). O primeiro monitorava as programações, acompanhando, por exemplo, as cenas de sexo e violência levadas ao ar. O segundo cuidava do licenciamento e regulamentação dos serviços da televisão comercial, observando se os padrões estabelecidos eram cumpridos pelos canais. Essas tarefas passaram para o Ofcom, que também tem o poder de punir as emissoras.

O Ofcom não faz censura prévia, não analisa programas inéditos, mas monitora o que vai ao ar e recebe reclamações da população. Entre seus deveres estão promover a diversidade cultural, garantir informação de qualidade para o cidadão, zelar pelo bom gosto e assegurar que programas e propagandas sejam honestos e verdadeiros. A superagência pode requisitar cópias do programa ou da propaganda alvo de denúncia, realizar investigações e estabelecer as sanções. A punição para violações do código de conduta vai desde retratação e multas até a redução e o cancelamento da licença de uma emissora. O Chanel 4, emissora britânica, teve que pagar mais de 150 mil libras por veicular imagens que não eram verdadeiras.

## ESTADOS UNIDOS

Nos Estados Unidos, as televisões têm bloqueadores que podem ser programados para impedir a recepção de programas de conteúdo sexual, violento ou qualquer outro material considerado indecente. Desde 1934, a Federal Communications Comission (Comissão Federal de Comunicação – FCC) é a agência que regulamenta os meios de comunicação e estabelece punições para as infrações. Independente do governo, reporta-se apenas ao Congresso. Trata-se de uma divisão da FCC que concede a licença para a operação das emissoras de televisão – considera a capacidade legal, técnica e financeira e, ainda, se há interesse público.

Em março de 2004, o Clear Channel foi denunciado por transmitir material considerado ofensivo. Num programa da emissora, diálogos entre o apresentador e um convidado trataram de produtos eróticos e atividades sexuais – que incluiu descrição detalhada da prática de sexo oral e discussão sobre sexo anal. O FCC determinou que o canal fosse multado em 495 mil dólares por levar ao ar um programa com conteúdo considerado indecente.

Várias instituições não governamentais monitoram a qualidade do que é produzido pelos meios de comunicação. Nicholas Johnson, ex-encarregado do FCC, analisa que, na falta de um regulador constante, nenhuma dessas instituições "possui poder significativo de execução, mas são eficazes para relembrar os princípios de imparcialidade, verdade e precisão do jornalismo".

A Constituição norte-americana garante liberdade de expressão e de imprensa e, nas últimas décadas, o país caminhou para a desregulamentação do setor. De acordo com uma publicação do Departamento de Estado norte-americano, "a solução foi confiar nas forças de mercado, na concorrência, na responsabilidade e em um conjunto altamente desenvolvido de autocontrole, que chamamos de ética jornalística".

## BRASIL

Em 1987, o Código de Ética dos Jornalistas foi aprovado em um Congresso Nacional da categoria. É um conjunto de normas que estabelece punições em casos de desvio de conduta – e disciplina a atuação profissional.

Art. 9º. – É dever do jornalista:
a) Divulgar todos os fatos que sejam de interesse público.
b) Lutar pela liberdade de pensamento e expressão.
c) Defender o livre exercício da profissão.
d) Valorizar, honrar e dignificar a profissão.
e) Opor-se ao arbítrio, ao autoritarismo e à opressão, bem como defender os princípios expressos na Declaração Universal dos Direitos do Homem.
f) Combater e denunciar todas as formas de corrupção, em especial quando exercida com o objetivo de controlar a informação.
g) Respeitar o direito à privacidade do cidadão.
h) Prestigiar as entidades representativas e democráticas da categoria.

Estabelecer limites sem impor censura aos meios de comunicação é uma discussão recorrente que costuma desencadear argumentações veementes e polarizar opiniões. Os princípios definidos no Código de Ética dos Jornalistas não têm sido suficientes para garantir a qualidade da informação e o respeito à dignidade do cidadão. Há programas que misturam jornalismo e entretenimento e que não são produzidos por jornalistas, e o Código não pode ser aplicado a profissionais de outras categorias.

No Brasil, "país da impunidade", emissoras de televisão fazem mesmo o que bem entendem. Mesmo a programação infantil, que preenchia as tardes com inocentes seriados de ursos amigos e desenhos de fantasminhas camaradas, perdeu espaço para programas de fofocas e sangrentos telejornais. "Pela importância que a televisão tem, ela está abandonada, tem pouca regulamentação em todos os sentidos", declara, sem nenhum exagero, a antropóloga Esther Hambúrguer.

Uma instância que poderia fiscalizar a qualidade da programação é o Conselho de Comunicação Social. Criado em 2002 e vinculado ao Congresso Nacional, é composto por representantes da sociedade civil e de entidades do setor de comunicação. Tem como tarefa analisar e recomendar matérias relativas aos meios de comunicação. Mas não possui poderes para punir abusos ou distorções: tem caráter meramente consultivo.

Para completar, até hoje não foram regulamentados os artigos previstos na Constituição de 1988, que garantem instrumentos de defesa para os telespectadores. Sem essa regulamentação, as emissoras conseguem escapar dos processos. Ações na justiça para caracterizar abusos ou crimes precisam se basear, por exemplo, na Convenção Internacional dos Direitos Humanos ou recorrer ao Código de Defesa do Consumidor. Foi assim que a Justiça conseguiu punir o programa do apresentador Gugu Liberato pela exibição de uma entrevista forjada com supostos bandidos do PCC. A multa de 1.782 reais aplicada pelo Ministério das Comunicações foi risível, mas o prejuízo provocado pela decisão da Justiça de suspender a exibição do programa por um domingo foi de quase um milhão e duzentos mil reais.

Mexer com o faturamento das empresas é a estratégia para melhorar a qualidade da programação da TV brasileira, adotada pela campanha "Quem financia a baixaria é contra a cidadania". Criada pela Comissão de Direitos Humanos da Câmara dos Deputados, a campanha está conseguindo fazer com que os anunciantes deixem de patrocinar telejornais sensacionalistas. As agências de publicidade que aderiram alertam clientes para o risco de associar o produto à imagem negativa de programas policialescos.

Com isso, diminui o volume de patrocinadores à medida que o movimento cresce. Aliados da campanha contra a baixaria na TV já organizaram treze coordenações regionais. E, com a ajuda do Ministério Público, os resultados estão aparecendo. Segundo o coordenador da campanha, deputado Orlando Fantazzini, das vinte mil denúncias feitas por telespectadores, cerca de cinco mil deram origem a processos.

"Não defendo a censura, mas a liberdade de expressão deve ter como limite os direitos individuais e coletivos. Você não pode colocar no ar conteúdos que exponham um cidadão ao ridículo, que estimulem o preconceito e a violência, que transformem tragédias em espetáculos ou que abram espaço para a manifestação de apenas um dos lados envolvidos na questão", esclarece o deputado. Fantazzini apresentou no Congresso o projeto de lei de um Código de Ética para a programação de televisão, com base na Constituição Federal e nas convenções internacionais. As punições propostas vão desde a aplicação de advertências e multas até a suspensão de um programa e o pedido de cassação da emissora que cometer abusos graves.

O controle social da programação é legítimo, afinal os canais são concessão do Estado, e pode evitar que as emissoras fiquem limitadas a uma insana disputa por patrocinadores. Um "topa tudo por dinheiro" que não se importa com a qualidade da programação. Ignoram que a televisão é um serviço público e não deve ser explorada como propriedade particular, mas atender aos interesses da sociedade.

# CAPÍTULO VIII

## Mercado futuro

Ainda é o idealismo que move jovens que se preparam para ser jornalistas. Conversando com estudantes, percebemos haver também os que sonham com o estrelato, com a fama, com um bom salário ou com viagens que farão da vida uma eterna aventura. Entretanto, como no passado, a maioria deseja mesmo é consertar o mundo.

A rotina profissional vai se encarregar de mostrar que essa é uma missão impossível. E que o objetivo deve ser outro, bem mais plausível: o de informar. Apresentar dados que levem à maior conscientização e fornecer ferramentas para que a sociedade assuma uma postura de vigilância crítica. Contar da melhor forma possível – com clareza e exatidão – a história do seu tempo e ajudar a transformá-la, um pouquinho por dia, deve ser a meta.

Para isso, o primeiro desafio é entrar no mercado de trabalho, e os números são desalentadores. No maior vestibular do país, realizado pela Fuvest – Fundação Universitária para o Vestibular – em 2005, o curso de jornalismo foi o quinto mais concorrido. A disputa foi de 45,55 candidatos por vaga, atrás de outras opções na área de comunicação: Publicidade e Propaganda e Curso Superior de Audiovisual.

Em 2002, as 302 faculdades de Comunicação Social, espalhadas pelo Brasil, despejaram no mercado doze mil novos jornalistas, segundo dados do Ministério da Educação. Bem mais que a metade dos dezoito mil profissionais que trabalhavam naquele ano, com carteira assinada, em todo o país. Em 2000, a categoria reunia 21.381 trabalhadores, no entanto demissões, sobretudo nos jornais impressos, reduziram drasticamente esse universo. Segundo o Ministério do Trabalho, o número desses profissionais no Brasil sobe para quarenta mil, se contabilizarmos – além dos dezoito mil com contrato pela CLT – os que trabalham como *freelancer*, as pessoas jurídicas e os vinculados a assessorias de imprensa, produtoras, canais regionais a cabo e TVs institucionais, como a do Congresso, Senado e as que vêm sendo criadas nas Câmaras de Vereadores, Assembleias Legislativas, Judiciário. Mesmo assim, ainda é espantosa a comparação com o número de novos profissionais que se formam a cada ano.

## A LARGADA

Você já sabe o que quer ser quando sair da faculdade de Jornalismo? Jornalista, presume-se! Mas qual a expectativa, o objetivo? Trabalhar em jornal, revista, rádio, televisão? Fazer documentários por conta própria? E vendê-los – de preferência – para a BBC, de Londres? Nada mal! Mas com um mercado tão competitivo, é mais indicado colocar os pés no chão, fechar o foco, definir uma meta clara e se preparar – muito bem – para correr atrás desse objetivo.

Atualmente, os programas de estágio são uma oportunidade de conhecer melhor o dia a dia nos diferentes veículos. E, quem sabe, de conseguir o primeiro emprego. A lei proíbe o estágio não remunerado. O Sindicato dos Jornalistas "torcia o nariz" mesmo para o estágio remunerado porque as empresas substituíam profissionais por estudantes em busca de experiência, forma de explorar mão de obra barata. Com a definição de algumas regras, o sindicato ficou mais flexível. Apoia estágios desde que universitários ou recém-formados não ocupem mais de 10% do quadro de funcionários e que recebam, pelo menos, o equivalente a 60% do piso salarial.

Em 2000, no Congresso Nacional dos Jornalistas, em Salvador, foi aprovado o programa "Estágio Acadêmico". Depois disso, o sindicato da categoria, em São Paulo, começou a negociar parcerias com a *Editora Abril* e com o *Estado de S.Paulo*.

Difícil é conseguir vaga. A TV Globo conta com um "programa de *trainee*" próprio. Durante seis meses, estagiários passam por todos os telejornais da emissora, em esquema de rodízio. Têm a oportunidade de conhecer a rotina de cada equipe e acompanhar da produção à edição das reportagens. A cada ano a disputa é maior. Em 2003, só em São Paulo foram quase dois mil candidatos para onze vagas. Mas, por que não arriscar? Vencidas as barreiras, o estágio pode ser uma porta de entrada. Muitos ficam, são contratados. E, na pior das hipóteses, vale como experiência e currículo. As redações ainda são as melhores escolas.

## REMUNERAÇÃO

Para o mercado, um dos reflexos negativos do aumento do ingresso de recém-formados é a queda dos salários. Segundo Nelson Sato, assessor técnico do Sindicato dos Jornalistas de São Paulo, as contratações dos recém-formados estão crescendo e a média salarial, decrescendo, porque eles começam recebendo bem menos que os mais experientes.

Se, por acaso, você for dos que pretendem enriquecer como jornalista, está em tempo de mudar de profissão. Sato não revela quais são os maiores salários, mas usa a figura da pirâmide para explicar que a maioria está na base e poucos privilegiados ocupam o topo salarial. O ganho varia muito, dependendo da região do país. Na cidade de São Paulo, o salário médio dos profissionais de TV, de acordo com o Ministério do Trabalho, está em torno de quatro mil reais, pouco acima da média salarial dos jornais impressos de grande circulação, que é de três mil e quinhentos reais. E bem maior que a dos radialistas, com média de mil e quinhentos reais.

Geralmente recebem mais apresentadores e repórteres do primeiro time, entre eles os correspondentes estrangeiros e os que fazem os programas e jornais de rede. Editor-chefe recebe mais que os subordinados. Em tese, pelo menos, é preciso ter grande experiência para ocupar um posto como esse. Só a responsabilidade do cargo já justificaria o adicional recebido no fim do mês. É o editor quem responde pelos acertos e erros do telejornal.

De tempos em tempos a imprensa publica que salários astronômicos – entre cem e quinhentos mil reais – são oferecidos por emissoras de TV para atrair profissionais de empresas concorrentes. Dá para contar nos dedos quem são esses profissionais.

## IMAGEM DISTORCIDA

Quem já foi professor em faculdades de jornalismo sabe que ou o aluno ama a TV ou detesta. Não é da prática que surge essa opinião formada. Por melhores que sejam os equipamentos dos laboratórios, por melhores que sejam os professores e os monitores, no ambiente acadêmico não se consegue simular o calor de uma cobertura importante, daquelas que mobilizam praticamente toda a redação. Existem também os que gostam de TV, mas julgam não levar jeito para encarar a câmera. Para esses, é bom lembrar que nos bastidores há muitas outras funções. Um batalhão de apuradores, produtores, pauteiros e editores também têm participação decisiva na elaboração de um telejornal.

As televisões universitárias estão entre o laboratório de jornalismo e o mercado. Você opera com exigências profissionais, tem uma grade de programação, prazo para terminar a produção e para exibi-la. A Associação Brasileira de Televisão Universitária – ABTU – reúne canais universitários abertos e por assinatura. Trabalha para dar formação melhor aos futuros profissionais, divulgar a produção de conhecimentos acadêmicos e multiplicar produções universitárias para a mídia eletrônica. Bons equipamentos, hoje mais acessíveis e baratos, ajudam muito. Contudo, a falta de recursos impede grandes ousadias, segundo a ABTU. A produção se concentra em documentários, jornalismo e programas de debate que não exigem grandes investimentos.

## GLAMOUR

Se o que desperta sua vontade de ser jornalista é a possibilidade de se tornar uma celebridade só porque aparecerá no vídeo, é melhor reconsiderar. Você está na profissão errada. Até porque não basta ter boa aparência, é preciso mostrar serviço. Claro que repórteres são reconhecidos na rua. Mas, se o objetivo for só esse, convenhamos, não compensa o investimento que é preciso fazer. A rotina do jornalismo é cansativa, e isso se aplica à maioria dos meios. O *stress* do fechamento é diário. Nos feriados, os plantões são infindáveis e não tem moleza no Carnaval, nem em dia santo.

Aliás, o excesso de jornada de trabalho é uma das principais reclamações no Sindicato dos Jornalistas de São Paulo. A queixa é geral, feita por profissionais de todos os veículos. No caso dos jornais impressos, as redações estão bem mais enxutas. Em 2000, o setor chegou a empregar 8.270 profissionais em todo o país. Dois anos depois, dados do Ministério do Trabalho mostraram que o número de empregados na imprensa escrita caíra para 6.854, quase o mesmo que em 1995.

Nas emissoras – ao contrário dos jornais impressos – o número de vagas não parou de crescer. Em 1992, o setor empregava, em todo o país, 3.356 profissionais. Dez anos depois – em 2002 – éramos 4.345, quase mil vagas a mais. À primeira vista os números são positivos, entretanto, mascaram o achatamento salarial. Com o aumento das contratações dos recém-formados, caiu a média salarial, porque com o salário de um demitido contrata-se dois ou três ingressantes.

Essa é a teoria de Nelson Sato, que, como assessor técnico do sindicato, acompanha as movimentações desse segmento do mercado. "Além disso, novas concessões estão sendo feitas. O surgimento dos novos canais regionais transmitidos por cabo e das TVs das Câmaras Municipais também ajuda a criar postos de trabalho", lembra. Bom, mas nesse caso não estamos mais falando de telejornalismo, TV aberta, e nem de programa diário. E sim da possibilidade de emprego, que passa a ser uma questão de escolha ou de necessidade.

## MERCADO ALTERNATIVO

Art. 221. A produção e a programação das emissoras de rádio e televisão atenderão os seguintes princípios:
I – preferência a finalidades educativas, artísticas, culturais e informativas;
II – promoção da cultura nacional e regional e estímulo à produção independente que objetive a sua divulgação;
III – regionalização da produção cultural, artística e jornalística, conforme percentuais estabelecidos em Lei;
IV – respeito aos valores éticos e sociais da pessoa e da família.

*Constituição Federal*

A Constituição Federal de 1988 estabeleceu princípios que incentivam a produção independente e a preservação da cultura nacional. Na prática, é diferente o que acontece. Temos um país com dimensões continentais, e o Brasil que o Brasil assiste pela televisão reflete muito mais a vida nos grandes centros do que a realidade nacional. Produções brasileiras concentram-se no eixo Rio-São Paulo, onde estão também as principais emissoras.

Essa questão desencadeia discussões sobre a abertura de espaço para a diversidade de expressão artística e política, de liberdade de expressão e pluralidade de pensamento no mais poderoso veículo de comunicação. "A visão que os brasileiros têm de si mesmos e do país passou a ser mediada fortemente pelo ponto de vista das duas metrópoles", escreve Grabriel Priolli em artigo do livro *A TV aos 50: criticando a televisão brasileira no seu cinquentenário*, organizado por Eugênio Bucci.

Presidente da Associação Brasileira de Televisão Universitária e crítico de televisão, Priolli observa que o Brasil tem redes fortíssimas e estações locais muito fracas, que se tornaram meras repetidoras da programação produzida nos grandes centros. "Não tenho a pretensão de que os estados de menor expressão econômica sejam cabeça de rede, mas pelo menos um pouco mais de equilíbrio é necessário." Para ele, há crescente interesse por uma programação para o público regional, e as emissoras estão percebendo essa mudança de comportamento. Como exemplo, cita a Rede Brasil Sul de Comunicação, que tem programação voltada para o sul do país e produz material economicamente viável. "Fazem isso porque está dando mais dinheiro do que comprar produto importado."

Em um debate sobre produção cultural brasileira, o dramaturgo e romancista Ariano Suassuna, ferrenho defensor da cultura nacional e do resgate das expressões populares tradicionais, demonstrou preocupação com o domínio estrangeiro nessa área. Afirmou que já se foi o tempo em que a conquista de um país exigia o envio de tropas. Hoje, segundo ele, "basta mandar Madonna e Michael Jackson para subordinar as manifestações culturais locais".

No Brasil, televisões abertas raramente compram produções nacionais independentes. O que se vê com frequência, pelo menos nos telejornais, é a exibição de flagrantes feitos por cinegrafistas amadores. Esse ainda é um mercado restrito e o pouco espaço que há para produções independentes é ocupado por documentários e programas estrangeiros.

Nos canais por assinatura a competição é com produções estrangeiras que chegam com preços mais baixos. Muitas já saem do país de origem com os custos cobertos. "É mais barato comprar lá fora", diz Alexandre Annemberg, diretor executivo da Associação Brasileira de Televisão por Assinatura. Há canais que atendem pequenas regiões, educativo-culturais, comunitários com espaço a ser ocupado na grade, mas que carecem de recursos para investir na compra de produções independentes.

A crise financeira que as grandes emissoras atravessam é vista como uma oportunidade para que os canais, que hoje bancam ou importam praticamente toda a grade, intensifiquem a terceirização e a busca de parceiros brasileiros para realizar uma parte maior da programação. Em países como Estados Unidos, Inglaterra e França, a compra de conteúdo ocorre regularmente. Por aqui, já é possível perceber sinais de mudanças, avalia a jornalista Miloca Nagle, tendo passado pelas redações da TV Globo e da TV Cultura, está há dez anos nesse mercado e é sócia da produtora MV. "Já fomos chamados para fazer programas para TV Futura e para o GNT."

Quantas produtoras existem no Brasil é difícil dizer, mas pelo menos cem realizam trabalhos audiovisuais de alta de qualidade. O cálculo é de Marco Altberg, presidente da Associação Brasileira de Produtores Independentes de TV. Um estímulo importante, afirma, foi a lei que estabeleceu mecanismos para que os canais estrangeiros de TV por assinatura investissem parte do lucro – remetido ao exterior – em coproduções com empresas brasileiras. "Isso criou um fundo de mais ou menos vinte milhões de reais paras a produções nacionais", avalia.

A tecnologia é uma aliada para quem pretende entrar nesse mercado. Equipamentos mais acessíveis, fáceis de operar e com boa qualidade técnica permitem o registro de realidades diferentes do Brasil, de outras formas de olhar.

Existem também incentivos governamentais. Há dois anos o Ministério da Cultura lançou o programa DOC-TV, para financiar produções em todo país. Nessa iniciativa, o importante não é só o aumento da produção regional, mas também o aprimoramento e a multiplicação de profissionais de audiovisual em estados com mercado muito restrito e sem projeção nacional.

"O programa está estimulando a formação de técnicos em estados como Amazonas, Rondônia e Acre, que não têm tradição no mercado", destaca Marcelo Lafitte, presidente da Associação Brasileira dos Documentaristas. Em países como os Estados Unidos, emissoras de pequenas cidades têm mão de obra especializada e realizam programação diferenciada, em que os canais têm vida própria.

"Sem orçamentos milionários, mas com diretor, roteirista, maquiador, vivendo em função do audiovisual e da produção local", destaca Lafitte.

Produtoras funcionam como pequenas redações. A diferença é que são formadas equipes para cada projeto. Quanto mais versátil for o jornalista mais chance terá nesse mercado por estar apto a desempenhar as funções de produtor, roteirista, diretor, apresentador, editor e repórter. A jornalista Denise Chahestian, *freelancer* há mais de oito anos, ressalta que o profissional tem mais liberdade para direcionar a carreira e administrar o tempo, sem ficar preso à rotina de uma redação.

É uma opção atraente, mas que tem seus contratempos. É preciso aprender a conviver com os altos e baixos quando não se tem salário fixo, nem emprego certo num mercado competitivo e muito sensível às crises econômicas. E, ainda, abrir mão dos benefícios trabalhistas que grandes empresas oferecem aos funcionários. É o bom desempenho que credencia o profissional para outros convites, e uma fita bem editada com os trabalhos já realizados é um bom cartão de visitas. Sempre é útil arquivar trabalhos para ter o que mostrar.

Seja qual for o caminho trilhado, desafios e pré-requisitos são semelhantes: para conquistar espaço no mercado independente ou fazer telejornalismo é preciso vocação, criatividade, disposição e paixão pelo trabalho.

# CAPÍTULO IX

## Voz da experiência

Na voz de quem grava, o texto de televisão ganha mais vida. O off pode ficar melhor ou pior, depende do narrador. Entonação, ritmo, pausa no momento certo fazem a diferença. Uma boa voz, bem colocada, ajuda a compreender o que está sendo dito. E interfere na imagem do repórter ou do apresentador. A voz diz muito sobre a pessoa. Revela se estamos confiantes ou inseguros e é também um indicativo da nossa origem sociocultural e da região onde nascemos, seja pelo sotaque ou pela maneira como articulamos as palavras, garantem os especialistas.

Leny Kyrillos, fonoaudióloga, explica que a fala mansa, discretamente na salada do nordestino, tem uma explicação física: "por causa do calor, a musculatura do céu da boca fica mais relaxada, o que aumenta o escape de ar pelo nariz". Esse jeito de falar reforça a imagem de um povo caloroso, hospitaleiro. Já o gaúcho emite o som mais pela boca e pela garganta, devido ao clima frio, e passa a ideia de distanciamento, de uma certa aspereza.

A voz hipernasal incomoda. Entretanto, se for discretamente nasalada, como a dos cantores românticos, como Roberto Carlos, dá a impressão de afetividade. Já a voz muito aguda, fininha, passa a impressão de infantilidade. Voz muito rouca é associada à falta de energia, cansaço. Mas a voz feminina discretamente rouca é considerada sensual, o que para os repórteres também não é indicado. "Quem usa a voz profissionalmente precisa analisar a impressão que ela está passando para as pessoas. O ideal é que seja uma voz com psicodinâmica relacionada à credibilidade, preparo e profissionalismo" – ensina Leny Kyrillos.

Tais padrões refletem a maneira como as pessoas falam. O que garante uma voz clara, limpa, é o equilíbrio do uso das três cavidades de ressonância – garganta, boca e nariz –, permitindo a correta articulação dos sons. E é aí que entram os exercícios corretivos de fonoaudiologia.

Há dezoito anos Leny ensina pessoas que trabalham em rádio e TV a usar a voz profissionalmente. No começo da carreira, atendeu a um rapaz com um pólipo na corda vocal que, por acaso, era repórter de TV. Os exercícios ajudaram tanto que a propaganda feita pelo cliente levou outros doze repórteres, de várias emissoras, ao consultório. A fonoaudióloga, então, se especializou nisso. Ajudou a escrever três livros sobre o assunto e prepara futuras fonoaudiólogas para esse tipo de atendimento, ministrando aulas na PUC-SP – Pontifícia Universidade Católica de São Paulo.

## TEM CONSERTO

Bons repórteres de televisão tiveram problemas com a voz ou com o sotaque muito acentuado. E conseguiram melhora considerável. Portanto, se você é dos que detestam ouvir a própria voz gravada, saiba que, segundo Leny Kyrillos, "todo problema causado pelo mau uso da voz tem solução". Ela estima que, em cerca de 80% dos casos atendidos, os desajustes eram funcionais e não orgânicos. Nesses casos, o tratamento indicado inclui três séries de exercícios por dia, que duram aproximadamente cinco minutos cada. Depois de um mês, segundo a fonoaudióloga, já se notam resultados. Após três meses, e uma significativa melhora, o tratamento continua com exercícios de manutenção, que devem ser feitos pelo resto da vida, uma vez por dia.

É imprescindível também aquecer a voz antes de gravar um texto ou apresentar um jornal. Por isso, é muito comum presenciar cenas insólitas de repórteres fazendo caretas ou emitindo sons estranhos antes de gravar um off.

Ao ler um texto, respeite ponto e vírgula. Mas sem perder o ritmo. Uma narração lenta demais deixa a matéria arrastada. Também não é preciso empostar a voz como os antigos locutores de rádio – perde-se a naturalidade e o tom fica muito oficial. Um bom exercício é ler em voz alta para perceber melhor a própria narração.

# A FALA

A maneira como articularmos os sons pode ajudar – ou atrapalhar – a comunicação. Pessoas que não mexem ou mexem pouco a boca para falar não inspiram confiança. "Passam a ideia de que escondem algo ou de que não estão convictas do que dizem." Segundo a fonoaudióloga, o mesmo se aplica a quem fala muito baixo. A impressão que se tem é a de que a pessoa está insegura, se escondendo. Já quem fala muito alto invade o limite do outro. E por isso pode ser considerado inconveniente. No caso dos repórteres, utilizar bem a voz é indicado mesmo longe das câmeras.

É bom lembrar que antes de gravar as entrevistas, normalmente, há uma conversa preliminar, quando a fala pode transmitir, ou não, credibilidade e passar uma boa impressão.

Na opinião de Leny Kyrillos, apuradores e pauteiros, que falam muito ao telefone, também deveriam treinar a voz. Afinal, quando a pessoa não é vista, a voz desempenha um papel ainda mais importante. Torna-se o único elo e, por meio dela, o interlocutor idealiza a pessoa com quem conversa. "Atendi uma produtora que tinha a voz muito aguda e quando ela se apresentava dizendo que era de uma emissora de TV, as pessoas do outro lado da linha não a levavam a sério. Achavam que se tratava de uma criança dando trote."

Já o sotaque é difícil de ser totalmente eliminado. Contudo, pode-se suavizá-lo. E isso é importante para os que quiserem trabalhar em um jornal de rede, transmitido para todo o país. Acredita-se que o jeito de falar muito marcado por regionalismos chame mais atenção do que o conteúdo da notícia.

Leny Kyrillos ressalta que profissionais de vídeo deveriam se preocupar com a voz da mesma maneira com que se preocupam com a aparência, com o corte de cabelo, com o peso. E para isso é preciso saber o que faz bem e o que faz mal para a voz.

## INIMIGOS DA VOZ

- Ar-condicionado, bebidas destiladas, café em excesso, alguns remédios como antialérgicos e inibidores de apetite. Por diferentes motivos, roubam água do organismo, ressecando a boca e a garganta.

- Cigarro – provoca edema nas pregas vocais e o aumento da viscosidade do muco, o que leva à necessidade de pigarrear.
- Leite e derivados – aumentam o muco no aparelho respiratório. Evite ingeri-los duas horas antes do uso da voz.
- Chocolate – aumenta a viscosidade da saliva, o que muda a ressonância do som.

## BONS COMPANHEIROS

- Água, água e mais água. Hidrata as cordas vocais, que vibram mais soltas.
- Maçã – ao mastigá-la relaxamos a articulação, o que favorece a ressonância da voz e a abertura da boca.
- Sucos cítricos, porque aumentam a salivação.
- Líquidos quentes, como chás, melhoram a circulação e dão sensação de conforto na garganta.
- Uma boa noite de sono. Quando estamos cansados, nossa voz denuncia.
- E, na medida do possível, cuidar do estado de espírito. Pessoas angustiadas, deprimidas, deixam transparecer o ânimo quando falam. Assim como as pessoas alegres, cheias de vida.

"Para ter uma boa voz também é preciso estar bem consigo, praticar atividades saudáveis, relaxantes", diz Leny, que empresta uma frase de Chico Buarque para concluir o raciocínio: "o que é bom para o dono é bom para a voz".

# CAPÍTULO X

## Passado e futuro

O poder da televisão para disseminar informações, ideias e ideais já desencadeava discussões quando ela dava seus primeiros passos na Europa. Em 1935, a Alemanha deu a largada, ao oferecer o primeiro serviço de televisão pública. No ano seguinte a Bristish Broadcasting Coorporation (BBC) inaugurava suas transmissões na Inglaterra, que foram suspensas durante a Segunda Guerra Mundial e só retomadas em 1946. Depois do conflito, o papel cultural e social da televisão passou a ser discutido no continente.

Foi depois da ascensão do fascismo e do nazismo que os meios usaram e abusaram de estratégias de comunicação. Época em que a União Soviética demonstrava os efeitos do controle do Estado sobre a televisão, enquanto os Estados Unidos revelavam como a busca de audiência para atrair patrocinadores influenciava as programações. Na Europa, muitos países decidiram adotar o sistema de serviço público de televisão.

Na Grã-Bretanha, empresas que comercializavam aparelhos radiofônicos fundaram a BBC, em 1926, companhia oficialmente transformada em corporação pública. Ouvintes pagavam uma taxa mensal para financiar o serviço público de rádio. O mesmo sistema seria adotado como fonte de recursos das emissoras de televisão da rede britânica. Licenças pagas são cobradas até hoje dos telespectadores como forma de garantir uma produção voltada para "o interesse público, independente em relação aos interesses políticos e comerciais", como informa o site da BBC, que mantém no ar oito canais de televisão com a proposta de informar, educar e entreter.

No Brasil, a televisão nasceu preocupada em garantir audiência. Em setembro de 1950 a novidade chegou ao país, quando Assis Chateaubriand levou ao ar a TV Tupi, em São Paulo. Ninguém tinha televisão em casa, um luxo para a época – custava quase tanto quanto um carro. Chateaubriand mandou trazer de avião dos Estados Unidos duzentos aparelhos. Como a lenta burocracia para a importação poderia atrasar a entrega da encomenda, a carga foi contrabandeada. No dia seguinte à estreia da TV brasileira foi ao ar o primeiro telejornal – *Imagens do Dia*.

Naquela época, patrocinadores batizavam os programas. Em 1952, a Tupi apresentou o telejornal *Panair*, patrocinado por uma companhia aérea. No mesmo ano surgiu o *Repórter Esso*, que marcou época no horário nobre. Esse telejornal era adaptado de um programa de sucesso no rádio. Notícias eram lidas pelos locutores no estúdio e havia pouquíssimas imagens para ilustrar as informações. A Esso, empresa norte-americana de petróleo, bancou esse modelo de programa em vários países. A versão brasileira era abastecida com material de agências de notícias também dos Estados Unidos. O *Repórter Esso* ficou no ar até 1970.

## DO FILME AO VIDEOTEIPE

Em 1960 chegaram os aparelhos de VT, usados pela primeira vez na cobertura da inauguração de Brasília. Na época, as máquinas de videoteipe tinham dois metros de altura, e as fitas, enormes, mediam duas polegadas de largura. Nada práticas para coberturas jornalísticas, que exigem agilidade. Por um bom tempo o uso ficou restrito aos estúdios e às gravações de shows e jogos de futebol. O filme 8mm só foi definitivamente aposentado no início da década de 1980.

Armando Figueiredo Neto, jornalista com mais de trinta anos de experiência em televisão, lembra que para ganhar tempo o editor escolhia as imagens no negativo do filme. Depois era preciso cortar as cenas selecionadas e colar na moviola – equipamento de edição cinematográfica. E como as equipes já naquela época chegavam pouco antes do jornal, havia fila de espera no laboratório de revelação.

Na rua, era preciso economizar nas imagens porque a quantidade de filme era limitada a quatrocentos pés por equipe, suficiente para doze minutos de filmagem. E ninguém tinha certeza absoluta do que estava levando para a redação porque não era possível revisar. "Certa vez" – ele lembra – "fui fazer um documentário sobre o Pantanal do Mato Grosso para a TV Cultura. De volta a São Paulo, quando revelamos o filme descobrimos que as imagens estavam veladas".

## GENERAIS DA COMUNICAÇÃO

No anos 60 veio a ditadura, que estabeleceu o controle de informações de acordo com as conveniências do regime militar. Como a concessão de rádios e televisões era, e ainda é, decisão de governo, a censura se impunha sem dificuldades nesses meios de comunicação. Amarras que interromperam a trajetória do *Jornal de Vanguarda*, que, ousando na linguagem, combinava irreverência e criatividade. Feito por profissionais com experiência em jornal impresso, tinha equipe de cronistas e comentaristas. Dela faziam parte Millôr Fernandes, Newton Carlos, João Saldanha, Stanislaw Ponte Preta entre outros.

O reconhecimento internacional veio com o Prêmio Ondas de melhor telejornal do mundo, concedido na Espanha. Depois da edição do Ato Institucional Número-5, que aumentou o poder dos censores ao suspender garantias e liberdades individuais, a equipe decidiu tirar o programa do ar para evitar ameaças da repressão.

Na ausência de democracia, cala-se a imprensa. Os que persistiram na tarefa de informar foram mantidos sob controle, enquanto militares tratavam do desenvolvimento e da modernização da infraestrutura de telecomunicações. Tal medida estava prevista no projeto de integração nacional e permitia disseminar a propaganda governamental. Ligações por micro-ondas e por satélites viabilizaram transmissões para todo o território nacional.

Estavam prontas as condições para a implantação dos telejornais de rede e o pioneiro foi o *Jornal Nacional*, da TV Globo, em 1969. A estreia da emissora carioca, quatro anos antes, foi em meio à polêmica denúncia de associação com o grupo norte-americano Time-Life – a lei proibia participação de capital estrangeiro nas empresas de comunicação e o caso virou CPI – Comissão Parlamentar de Inquérito.

Dos EUA a emissora carioca importou a receita do "padrão globo de jornalismo", expressão que se traduz em qualidade técnica, cenários elaborados, imagens apuradas dos telejornais e programas globais. Fórmula que atrai críticas por buscar incansavelmente a estética, mas que, é preciso reconhecer, deu cara, rumo e fama às produções da televisão brasileira.

## ABERTURA

Nos anos 70, as redes se consolidaram e o jornalismo passou a ocupar mais espaço nas programações televisivas, com telejornais na hora do almoço e fim de noite. As redes se expandiram com várias afiliadas, mas a produção se concentrou no eixo Rio-São Paulo. Avanço que enfraqueceu produções locais.

Continuavam as perseguições políticas, com prisões, torturas e assassinatos. Em 1975, a morte do jornalista Wladimir Herzog, então diretor de jornalismo da TV Cultura, desencadeou a indignação e a reação dos setores democráticos da sociedade. Milhares de pessoas se reuniram num ato ecumênico em memória do jornalista, na catedral da Sé, em São Paulo. No ano seguinte, uma bomba explodiu na Associação Brasileira de Imprensa, no Rio de Janeiro. Durante o governo do general Ernesto Geisel teve início o processo de "abertura, lenta gradual e irrestrita", e em dezembro de 1978 foi revogado o AI-5.

A Lei da Anistia e as greves dos metalúrgicos do ABC sinalizaram o relaxamento da repressão. Na década de 1980, no horário da manhã, o *TV Mulher*, da Rede Globo, debatia temas de interesse do público feminino, que incluíam comportamento sexual e cidadania. Foram criadas duas novas redes, o Sistema Brasileiro de Televisão (SBT) e a Rede Manchete. O *Jornal da Manchete* inovou levando ao ar duas horas de telejornalismo em horário nobre, mas a experiência não duraria muito. Vários programas de entrevistas e debates surgiram, entre eles *Vox Populi*, da TV Cultura, *Encontro com a Imprensa*, na TV Bandeirantes e *Diário Nacional*, na TV Record, registra Guilherme Jorge de Rezende, no livro *Telejornalismo no Brasil*.

Na maior mobilização popular já vista no país, o movimento Diretas-já saiu às ruas em 1984, mas inicialmente a cobertura dada pelos telejornais foi "discreta". A TV Globo, emissora que registrava maior audiência, incluiu apenas nos telejornais locais a cobertura dos primeiros comícios. Entretanto, aquele realizado em São Paulo, na Praça da Sé, mereceu espaço no *Jornal Nacional*. A manifestação foi incluída na reportagem sobre o aniversário de 430 anos da cidade, dando a entender que fazia parte das comemorações.

Carlos Nascimento, na época repórter da TV Globo, lembra que a equipe de São Paulo cobria todas as manifestações na cidade, mas a decisão de levar ou não ao ar as reportagens em rede era tomada no Rio de Janeiro. A dimensão nacional do movimento acabou vencendo a resistência do canal carioca, que entrou na cobertura. "O povo não é bobo, abaixo a Rede Globo", foi a provocação muito ouvida nas ruas pelos profissionais da emissora.

A eleição direta não veio, mas a escolha de Tancredo Neves no Colégio Eleitoral quebrou o ciclo dos governos militares. Foi uma comemoração seguida de frustração. Internado às vésperas da posse, a doença e a agonia de Tancredo ocuparam a programação dos telejornais com uma extensa cobertura. Repórteres praticamente acamparam nos hospitais por onde ele passou. Plantão que terminou com a morte do eleito em 21 de abril de 1985, seguida de grande comoção nacional.

## EXERCÍCIO DA INFORMAÇÃO

José Sarney assumiu o comando do país como presidente. Editou quatro planos econômicos, que exigiram cobertura televisiva à altura das mudanças que desencadearam. Lá foram os jornalistas aprender a explicar o que era especulação financeira, recessão, congelamento de preços e hiperinflação.

Primeiro presidente eleito pelo voto direto depois de 21 anos de ditadura, Fernando Collor acrescentou mais um verbete à lista: confisco. O Plano Collor estabeleceu limites de cinquenta mil cruzeiros para retiradas bancárias, entre outras providências. Foi tamanha a confusão que a equipe econômica do governo teve que passar dias nos telejornais fornecendo explicações, enquanto repórteres se esfalfavam para traduzir termos em "economês" para português claro.

Em maio de 1992, a cobertura política recebeu mais destaque que a econômica com a instalação da Comissão Parlamentar de Inquérito para investigar denúncias de corrupção no governo federal. Imagens com depoimentos bombásticos de estudantes com o rosto pintado pedindo o afastamento do presidente foram vistas em todo país. Collor renunciou e assistimos, em casa, quando deixou o Palácio do Planalto e se despediu do poder. Foi também processado pela Justiça, no Supremo Tribunal Federal, convergindo os holofotes da imprensa, que trouxe para o noticiário os meandros da mais alta corte do país.

Nos anos 90, os âncoras escreveram um novo capítulo do telejornalismo nacional acrescentando às coberturas análises e comentários. O SBT passou a transmitir um telejornal de Miami, nos Estados Unidos, para o Brasil. A emissora fez um acordo com a CBS e levou ao ar o *Telenotícias*, experiência que durou quase três anos até a venda da emissora americana.

Em 1998, a TV Globo, em São Paulo, iniciou o projeto de jornalismo comunitário. Lideranças de bairros e autoridades debatiam ao vivo problemas da cidade, como falta de calçamento, de segurança e de água. O projeto serviu de modelo para os jornais locais da emissora.

## PAGAR PARA VER

A TV por assinatura chegou na virada dos anos 90, trazendo mais opções de programação para o telespectador. Enquanto a TV aberta briga pela audiência para atrair patrocinadores, a TV por assinatura aposta na segmentação do público e vende conteúdo – sustenta-se com a mensalidade paga pelos assinantes. Em pouco mais de uma década alcançou quinhentos municípios, com uma centena de canais em operação.

Na década de 1950 surgiu, nos Estados Unidos, a TV paga, para levar programações a lugares em que era difícil a captação de sinais abertos. A expansão do serviço para todo o país aconteceria vinte anos depois. Nos EUA e Canadá, a TV por assinatura está presente em 80% dos domicílios. No Brasil, em 2003, a porcentagem registrada era de 8,4%, com pouco mais de 3,5 milhões de assinantes. Bem menos que os dez milhões de clientes que as estimativas iniciais previam para aquele ano.

A Bandnews, da Rede Bandeirantes, e a Globonews, da Rede Globo, surgiram inspiradas no modelo americano para transmitir notícias 24 horas por dia. Em 1995, a Lei n. 8.977 abriu espaço para a transmissão de canais legislativos,universitários e educativos. Determinou que operadoras de TV por assinatura deveriam exibir seis canais de utilidade pública, e de graça.

A TV Senado Federal estreou em 1996, seguida pela emissora da Câmara dos Deputados e as das Assembleias Legislativas. Abriram um novo mercado para jornalistas e passaram a transmitir sessões, votações e discursos, em tempo real e na íntegra, para quem não se satisfaz com a versão reduzida dos telejornais da televisão aberta. Canais de TV por assinatura conseguem promover debates mais aprofundados, exibir programas em que convidados têm mais tempo para discutir temas relevantes, expor ideias, mas esse conteúdo é acessível apenas a uma pequena parcela da população.

## CABO DE GUERRA

Criada em 1980, a Cable News Network, rede a cabo norte-americana, foi a primeira a oferecer jornalismo 24 horas por dia. Adquiriu fama mundial onze anos depois, ao ser também pioneira na transmissão ao vivo de uma guerra, a do Golfo Pérsico. Os Estados Unidos alardeavam "ataques cirúrgicos" como se fosse possível um conflito sem mortes de civis. Enquanto isso, nas imagens da CNN os bombardeios lembravam *video games*, com vítimas virtuais.

Na cruzada contra o terrorismo – que justificou a invasão do Afeganistão e do Iraque, depois dos atentados de 11 de setembro – a imprensa americana já não era a única fonte de informações e imagens dos conflitos. Al Jazeera, emissora do Qatar, deu voz ao outro lado. Única a permanecer em território afegão, divulgou para o mundo declarações de Osama bin Laden, comandante da rede terrorista Al-Qaeda. Divulgou imagens de norte-americanos capturados e de civis iraquianos mortos pelas tropas invasoras no Iraque. O governo Bush se empenhou para que essas cenas não fossem mostradas nos Estados Unidos.

A emissora do Qatar, criada em 1996, "incomodou" a maior potência do planeta. Pôs em xeque o discurso norte-americano de que a intenção era libertar os países invadidos das atrocidades promovidas pelos regimes derrubados. Na guerra de informação, os Estados Unidos criaram a Al Hurra, canal de TV norte-americano para o Oriente Médio, que transmite para mais de vinte países da região.

## FUSÕES

O fim do século XX foi marcado por fusões e pela formação de gigantes da mídia como Disney (ABC), Aol-Time Warner (CNN), Vivendi/Universal/Canal Plus, General Eletric (NBC). Impérios que comercializam filmes, conteúdo de sites, programas de televisão, revistas e jornais. Um mercado que mistura entretenimento e jornalismo, tendo por ferramentas novas tecnologias potencializadas pela globalização. São também empresas que sofrem pressões políticas e econômicas. Sendo a televisão, e o telejornalismo em particular, apenas parte de uma grande rede de negócios, o que se teme é que interesses corporativos sacrifiquem a produção de informações com independência e precisão, que interfiram na seleção de notícias e na abordagem das reportagem que vão ao ar.

No Brasil, uma emenda constitucional, aprovada pelo Congresso Nacional, abriu uma brecha para a participação de grupos estrangeiros na mídia, desde que o controle acionário da empresa permaneça nas mãos dos sócios brasileiros. Abril Cultural foi o primeiro conglomerado a fazer parceria com um grupo norte-americano. O negócio com a Capital International Inc. injetou cento e cinquenta milhões de reais na empresa. Segundo artigo publicado na revista *Veja*, de 14 de julho de 2004, o dinheiro será utilizado para o abatimento de parte da dívida de 926 milhões de reais, contraída para o investimento em novas tecnologias, especialmente TV por assinatura. O grupo controla a TVA, tem participação de 70% na MTV brasileira e foi acionista da Direct TV.

Atualmente, a mídia brasileira passa por uma crise financeira sem precedentes. Na segunda metade da década de 1990, o crescimento da economia e a estabilidade do câmbio criaram um clima de otimismo. E as empresas de comunicação contraíram dívidas em dólares para diversificar os negócios e entrar nos setores de TV a cabo, telefonia celular e internet. Com a desvalorização do real, as dívidas se multiplicaram da noite para o dia.

Estima-se que, somado o que devem as empresas, o valor chegue a dez bilhões de reais. A Globopar – *holding* das Organizações Globo – responde por 5,6 bilhões de reais, 60% do total. Para equacionar os prejuízos, o setor espera ajuda financeira do BNDES – Banco Nacional de Desenvolvimento Social. A discussão é se a mídia pode pedir ajuda a um banco estatal e ao mesmo tempo manter independência e uma visão crítica em relação ao governo federal.

## O FUTURO CHEGOU

Depois de conectar o mundo em rede, a internet se aproximou da televisão. Computadores com placa de vídeo já podem exibir programas, novelas, telejornais. O celular vai pelo mesmo caminho. Envia fotos, textos e, em alguns países, a pequena tela exibe notícias e imagens em movimento. É a tal convergência das mídias!

Graças a ela, repórteres incorporaram o videofone à cobertura jornalística, durante a Guerra do Iraque, em 2003. Essa tecnologia foi desenvolvida nos Estados Unidos, na década de 1960, para uso militar. Nos anos 80, foi aperfeiçoada em reuniões virtuais de empresários – as videoconferências. Uma câmera ligada a um computador portátil capta a voz e a imagem do repórter. Comprimidas cerca de 125 vezes, são transmitidas por telefone, via satélite, em processo semelhante aos anexos que chegam por e-mail. Nas emissoras, são descomprimidas antes da exibição.

Essa facilidade recebeu o nome de kit correspondente, usada principalmente por profissionais que trabalham no exterior. Também é empregada para transmissões de qualquer ponto do território nacional. Para que as imagens não fiquem tremidas, basta gravá-las e comprimir menos. Nesse processo a transmissão é mais lenta, mas, em compensação, a qualidade é bem melhor. A vantagem é que dispensa a parafernália de equipamentos necessários para uma transmissão ao vivo. O repórter, sozinho, dá conta do recado. Além disso, o custo é menor e o jornalista adquire mobilidade.

A cada avanço da tecnologia as coberturas ganham agilidade e recursos que pareciam impossíveis ou inimagináveis. Alguns provocam mudanças radicais na maneira de se trabalhar, como aconteceu com a informatização das redações, no início da década de 1990. Computadores substituíram máquinas de escrever e a antiga lauda é hoje uma página na tela. Terminais da redação estão interligados e todos os profissionais têm acesso às informações da escuta, pautas, textos dos repórteres, espelho do telejornal e às notícias das agências, que antes chegavam por telex.

Outros recursos disponíveis nem chegam a ser usados com frequência, como as transmissões ao vivo do fundo do mar. No Brasil, a primeira foi feita para o *Jornal Nacional*, pelo repórter Chico José, durante um encontro mundial sobre Ecologia – a ECO 92. No caso, o link pode ter sido usado apenas para dar um "charme" à cobertura do evento, ou por mera exibição do poderio tecnológico, como quiser. Mas abriu um pouco mais o leque de possibilidades.

Foi assim também durante a Guerra do Golfo, em 1991, a primeira transmitida ao vivo. Bombardeios em tempo real na tela da TV, exibidos por canais a cabo. Só foi possível fazer as imagens noturnas, em tom esverdeado, porque as câmeras – mais modernas – possuem *night vision*, sistema de captação de raios infravermelhos, com lentes que "enxergam" no escuro.

## A ERA DOS SATÉLITES

Outra imagem marcante, a da chegada do homem à lua, ainda feita em preto e branco, é o símbolo do mais revolucionário avanço tecnológico: o dos satélites de telecomunicações.

Na década de 1960, o Telestar I e o Intelsat viabilizaram transmissões internacionais. O sistema possibilitou que, em 1969, a façanha dos astronautas fosse acompanhada em 47 países por quase setecentas milhões de pessoas. Aqui, foi acompanhada ao vivo por telespectadores das regiões Sul e Sudeste do Brasil.

No ano seguinte, a glória. O "país do futebol" conquistava o tricampeonato no México. A Copa de 1970 foi a primeira a ser transmitida ao vivo e em cores. Mas a TV ainda era em preto e branco. Foi uma transmissão experimental. A oficial ocorreu em 1972, na Festa da Uva, em Caxias do Sul, realizada pela TV Difusora de Porto Alegre. No entanto, como sempre acontece em televisão, mudanças são gradativas porque implicam troca de equipamentos. E por um bom tempo houve uma mescla de imagens coloridas e em preto e branco, especialmente nos telejornais.

Durante a Copa de 1970, tudo foi perfeito. Das transmissões ao desempenho da "seleção canarinho". Milhões de brasileiros puderam visualizar cada lance e compartilhar a vitória. Até então, era o radinho de pilha que mantinha os torcedores ligados. Intelectuais e políticos de esquerda apontaram a televisão como instrumento a serviço do sistema. Se o futebol era o ópio do povo, imagine então sendo transmitido ao vivo e em cores. O certo é que a partir daí a televisão se popularizou de vez no Brasil, integrando o país, como bem queria o regime militar.

Uma das vantagens dos satélites é que quase nada constitui barreira para as transmissões, como prédios altos, viadutos. Do local em que são captadas, as imagens sobem até o satélite, descem até a emissora, são enviadas para a torre de transmissão e chegam à casa do telespectador.

Isso provoca o *delay*, evidente em coberturas internacionais, em que as distâncias em quilômetros são maiores. O apresentador, no estúdio, chama o repórter no exterior e permanece no ar, mudo na tela, durante alguns incômodos segundos. Isso porque a voz do apresentador faz toda essa viagem antes de ser ouvida pelo repórter.

A desvantagem é que utilizar os satélites sai bem mais caro do que contar com as transmissões via micro-ondas – tipo de onda eletromagnética. De um caminhão com aparato técnico se transmitem imagens da rua para as antenas das emissoras instaladas em pontos altos das cidades e, dali, para o ar. A limitação das micro-ondas é que obstáculos físicos inviabilizam a operação.

A fibra ótica também permite transmissões. E com capacidade para transportar muitos sinais a um custo baixo. A favor dessa opção está ainda a imunidade a ruídos. O som chega limpo, sem interferência. Esse é um dos motivos por que a TV Globo de São Paulo utiliza o sistema para transmitir shows e desfiles de Carnaval. O ponto negativo é a fragilidade. Por estarem instalados em postes e canalizações subterrâneas, os fios podem se romper, provocando a queda do sinal. Há ainda uma limitação geográfica. Só é possível transmitir das áreas por onde passam os cabos.

Todas essas operações ficam a cargo das equipes técnicas. Mas, mesmo não precisando conhecer a fundo os detalhes, editores, repórteres, produtores precisam saber quais os recursos e limitações que a tecnologia oferece. Afinal, ela está aí para facilitar nossas vidas.

## TV DIGITAL

Não é possível dizer com precisão quando a TV digital chegará ao Brasil. A previsão é de que será implantada até 2010. Falta ainda decidir o padrão a ser adotado: americano, europeu ou japonês. Fala-se até no desenvolvimento de uma tecnologia própria. Seja como for, o certo é que ela virá. E as empresas de comunicação acompanham de perto as negociações do governo para implantá-la.

Testes realizados por institutos brasileiros de pesquisas apontaram para melhor *performance* do padrão japonês. Segundo eles, é o mais completo, e que oferece maior número de possibilidades. Foi o último a ser desenvolvido e por ter tecnologia mais recente, aperfeiçoou falhas do primeiro – o americano. Já o europeu, segundo o engenheiro Carlos Fini, gerente de manutenção de tecnologia da TV Globo, em São Paulo, encontra dificuldades para explorar novos serviços como recepção móvel e a HDTV – *high definition television* (televisão de alta definição).

Quando a geração que está entrando agora no mercado de jornalismo nasceu, há 20, 25 anos, os discos eram aquelas bolachas pretas, feitas em vinil. Não se usava controle remoto. Ninguém trocava e-mail ou fazia pesquisas no computador para trabalho de conclusão de curso. Computadores eram imensos e restritos às grandes empresas. Era possível fazer ligação internacional do orelhão, mas ninguém imaginava que um dia teria celular. Hoje, tudo isso faz parte do nosso cotidiano. O mesmo acontecerá com a TV do futuro, que está para a atual assim como o DVD para o aparelho de videocassete.

Quem não quiser comprar, num primeiro momento, um aparelho novo, poderá adquirir um adaptador, o *set top boxes*. Durante certo período, que poderá se estender por até vinte anos, essa será a solução para converter sinais digitais para a velha TV analógica. Mas em dado momento será preciso aposentar o aparelho antigo.

Para o telespectador, a tecnologia de alta definição garantirá imagem e som de ótima qualidade. A televisão será conectada à internet. Com um DVR – equipamento que grava imagens e áudio no computador – será possível armazenar programas de televisão para assistir mais tarde. E com *softwares* específicos, as pessoas poderão montar a própria programação.

Há a expectativa de que a nova tecnologia leve para as emissoras a mesma interatividade que experimentamos quando nos conectamos à rede de computadores – com diálogos e comentários em tempo real. O público irá interagir com a TV. Mas como? Nem os engenheiros, nem os profissionais de televisão sabem ainda, ao certo. Estamos às portas de uma grande mudança, num momento de redefinição de rumos.

É uma oportunidade para se repensar o processo atual de produção e quebrar a cabeça para incorporar o que de melhor oferece o novo modelo. "É preocupante, mas estimulante esse desafio de fazer tudo de novo. Aqueles que querem fazer televisão com conteúdo não podem se conformar com uma TV interativa que seja apenas uma possibilidade de comprar produtos", avalia o jornalista Gabriel Priolli.

A TV digital promete mesmo facilitar "o consumo nosso de cada dia". Compras de supermercado, por exemplo, poderão ser feitas em casa. Escolheremos os produtos com um leve toque no controle remoto ou na tela da televisão. Nada demais para quem já faz isso por computador, é verdade. Então, quem sabe escolher um vestido igualzinho ao da atriz da novela das oito? E comprar ali mesmo, enquanto assiste à trama. O cartão de crédito poderá viabilizar o desejo antes que a razão contenha o impulso.

Para as empresas, é sem dúvida um novo modelo de negócios. Dependendo do padrão, a transmissão em HDTV possibilitará também que um mesmo canal exiba, simultaneamente, vários tipos de programação. Uma possibilidade de conquistar, ao mesmo tempo, públicos diferentes. E ainda investir na "audiência complementar", formada por pessoas que assistirão à programação em telas portáteis – no carro ou pelo celular. Quem vai querer assistir aos programas em tela tão reduzida? As emissoras acreditam que, se houver oferta, haverá procura pelo serviço.

Por isso, estão se preparando. Só falta mesmo a transmissão ser digital, porque nas principais redações já se trabalha com um sistema híbrido de captação e edição de imagens. Ou seja, as câmeras e grande parte dos processos de edição e exibição já são digitais.

Essas mudanças irão alterar também a rotina da montagem das matérias. Hoje, é realizada por um profissional especializado – o editor de imagens, nas ilhas de edição. Com a nova tecnologia, será feita pelos editores de texto, direto no computador. Imagens brutas e reportagens exibidas ficarão armazenadas em um servidor, disponíveis simultaneamente para toda a redação. Em Campinas, interior de São Paulo, isso já acontece. A EPTV – Empresa Paulista de Televisão – foi pioneira no Brasil. A empresa não reduziu o número de editores de imagem, mas reconhece que o novo sistema permite enxugar quadros, mantendo esses profissionais apenas para edições de matérias especiais ou séries que exigem trabalho mais elaborado.

Desde a década de 1970, as três etapas – captação, edição e exibição – passaram por muitas transformações. Foi-se o tempo em que fazer cópias das imagens resultava em perda de qualidade. Na época das fitas em U-MATIC, por exemplo, quando era preciso usar cenas de arquivo, a diferença entre material feito no dia e o antigo era gritante. Câmeras, que chegaram a pesar vinte, trinta quilos, hoje pesam a metade e são infinitamente mais sofisticadas. Microcâmeras, utilizadas em matérias de denúncias, estão cada vez mais micro, o que ajuda a escondê-las. Apesar de toda essa evolução tecnológica, desde os primórdios da televisão o mais admirável já estava lá: o princípio que possibilita transformar imagens em pontos de luz que, convertidos em sinais elétricos, trafegam pelos fios e voltam a ser imagens na tela.

# CAPÍTULO XI

## Linha do tempo

## ANOS 30

Um golpe liderado por Getúlio Vargas tira Washington Luís da presidência do Brasil. Em um foco de insatisfação e resistência, oligarquias paulistas organizam a Revolução Constitucionalista de 1932. O movimento é derrotado. Dois anos depois o país ganha uma nova Constituição e o Congresso elege Getúlio Vargas por voto indireto. Movimentos sociais ganham força, com greves, manifestações e levantes militares. Em 1937, Getúlio inicia um período ditatorial batizado de Estado Novo, com o pretexto de abortar uma suposta revolta comunista. A década marcou o início oficial dos desfiles das escolas de samba no Rio de Janeiro. Nos EUA, Orson Welles apresenta no rádio o programa *A Guerra dos Mundos* e desencadeia pânico com uma suposta invasão marciana a Terra. Na Alemanha, Adolph Hitler chega ao poder e instala-se no país uma ditadura comandada pelo Partido Nazista. Reino Unido e França declaram guerra à Alemanha após a invasão nazista na Polônia. Começa a Segunda Guerra Mundial.

**1935**
*Março* – Tem início, na Alemanha, o primeiro serviço de televisão pública.

**1936**
*Novembro* – Primeira transmissão de TV na Inglaterra. No ano seguinte e até 1946, o serviço seria suspenso por causa da Segunda Guerra Mundial.

**1939**
*Abril* – A televisão chega aos Estados Unidos e a National Broadcasting Company (NBC) se torna o primeiro canal comercial em todo mundo.

## ANOS 40

Cassinos e vedetes fazem sucesso no Brasil. O país passa a ter salário mínimo e a Consolidação das Leis Trabalhistas (CLT). Luís Carlos Prestes, líder da Intentona Comunista, é libertado após uma década na prisão. Pressionado por ministros militares, Getúlio Vargas deixa a presidência. É o fim do Estado Novo. José Linhares, presidente do Supremo Tribunal Federal, assume interinamente, até a eleição e posse do novo presidente da República, general Dutra, em janeiro de 1946.

Depois do ataque japonês a Pearl Harbor, no Havaí, os Estados Unidos entram na Segunda Guerra Mundial. O mundo se divide entre os países do Eixo (Alemanha, Itália e Japão) e os Aliados (Inglaterra, Estados Unidos, União Soviética e China). Em uma ofensiva norte-americana, bombas nucleares são lançadas em duas cidades japonesas, Hiroshima e Nagasaki.

Tropas soviéticas chegam a Berlim e, derrotado, Hitler se suicida. Terminado o conflito, um tribunal internacional julga os líderes nazistas, em Nuremberg, na Alemanha. Os EUA tornam-se rivais da URSS na disputa pela hegemonia mundial – começa a Guerra Fria. Nasce a Organização das Nações Unidas, que aprova a divisão da região da Palestina entre árabes e judeus – é criado o Estado de Israel.

**1944**
Transmissões televisivas são restabelecidas em Paris, Londres e Moscou.

**1948**
A televisão se firma como veículo publicitário, passando a exibir propagandas regularmente nos Estados Unidos.

# ANOS 50

Getúlio Vargas vence a eleição e volta à presidência, mas não termina o mandato. Suicida-se com um tiro diante da exigência do Alto Comando Militar para que se licenciasse do cargo. Seu governo enfrentava uma crise política que se agravou com o atentado contra o jornalista Carlos Lacerda, desafeto de Vargas.

Juscelino Kubitschek é eleito. Anuncia o plano de industrialização para o país e inicia a construção de Brasília. Na música, surge a Bossa Nova; Adoniran Barbosa compõe *Saudosa Maloca*.

Aos dezesseis anos, Pelé é convocado para a Seleção Brasileira. O beijo na praia de Burt Lancaster e Deborah Kerr no filme *A um Passo da Eternidade* é motivo de escândalo. James Dean vira símbolo de rebeldia ao estrear *Juventude Transviada*. Marilyn Monroe e Brigitte Bardot são símbolos sexuais. Estudo publicado no *The New York Times* revela a influência da televisão e as mudanças provocadas por ela no modo como os norte-americanos se divertem e fazem política.

### 1950
*Setembro* – Estreia a TV Tupi. A emissora paulista foi pioneira no Brasil e no dia seguinte à inauguração levou ao ar o primeiro telejornal brasileiro: *Imagens do Dia*.

### 1951
*Janeiro* – Inauguração da TV Tupi no Rio de Janeiro. No mesmo ano o Brasil começa a produzir aparelhos de televisão.

### 1952
*Abril* – Vai ao ar a primeira edição do *Repórter Esso*, transmitido até 31 de dezembro de 1970.

### 1953
*Setembro* – A TV Record inicia transmissões.
*Dezembro* – Começam oficialmente as transmissões em cores nos EUA, após dois anos de experiências.

### 1954
*Abril* – O Ibope realiza a primeira pesquisa de audiência da TV brasileira. Em todo país há mais de trinta mil aparelhos de televisão.

**1955**
*Julho* – Vai ao ar a TV Rio Canal 13, Rio de Janeiro.
*Setembro* – Pela primeira vez, emissoras formam um *pool* para transmitir o programa *Use a Cabeça*.
*Novembro* – Inaugurada a TV Itacolomi, emissora da empresa Diários Associados e primeira concessão do governo federal em Belo Horizonte.
*Dezembro* – A partida de futebol entre Santos e Palmeiras, na Vila Belmiro, marca a primeira transmissão feita de uma cidade para outra. O jogo, na cidade de Santos, foi visto na capital paulista.

**1956**
*Maio* – A TV Rio e a TV Record realizam a primeira transmissão interestadual, ao vivo. Imagens do Rio de Janeiro, de uma partida de futebol entre Brasil e Inglaterra, chegaram aos telespectadores de São Paulo.
*Novembro* – A emissora norte-americana CBS utiliza pela primeira vez o videoteipe.

**1959**
*Outubro* – Surge a primeira legislação que impõe censura à televisão brasileira.

## ANOS 60

A Jovem Guarda faz sucesso na televisão. Em tempos de ditadura, os Tropicalistas declaram que é proibido proibir, em um movimento de contestação que reuniu Caetano Veloso, Gilberto Gil, Gal Costa, entre outros. Estudantes saem às ruas e pegam em armas para combater a ditadura.
Na França, alunos protestam contra a estrutura de ensino e a situação social e política. Nos Estados Unidos, paz e amor são palavras de ordem dos jovens no Festival de Woodstock, que reúne quase quinhentas mil pessoas. O mundo vive conflitos: a Guerra Fria e a Guerra do Vietnã. É época da contracultura e do pacifismo, dos Beatniks e dos hippies. Mulheres exibem as pernas usando minissaia, criação da estilista inglesa Mary Quant. Norte-americanos inventam sistema de comunicação por computador para uso exclusivamente militar, e que depois conectaria o mundo numa rede internacional – a internet.

## 1960

*Abril* – A programação das emissoras brasileiras passa a contar oficialmente com o videoteipe. O VT é usado pela primeira vez na inauguração de Brasília. No mesmo dia, a nova capital ganha três emissoras locais: TV Alvorada, TV Brasília, TV Nacional.

*Julho* – É inaugurada a TV Excelsior, que em 1963 levou ao ar a primeira telenovela diária do país, estrelada por Tarcísio Meira e Glória Menezes, e chegou a ser líder de audiência em alguns horários. Em setembro de 1970 as concessões da emissora foram cassadas pelo governo federal.

## 1961

*Maio* – Criado o Conselho Nacional de Telecomunicações (Contel).

## 1962

*Julho* – A imagem viaja entre continentes na primeira transmissão oficial dos Estados Unidos para Europa.

*Setembro* – O Congresso Nacional aprova o Código Brasileiro de Telecomunicações.

*Novembro* – Fundação da Associação Brasileira de Emissoras de Rádio e Televisão (Abert).

*Dezembro* – O controle remoto é lançado no Brasil, mas o aparelho só se popularizou nos anos 80.

*Dezembro* – Inaugurada, em Porto Alegre, a TV Gaúcha, que mais tarde se tornaria a Rede Brasil Sul de Comunicações (RBS).

## 1963

*Setembro* – Estreia o *Jornal da Excelsior*, na TV Excelsior do Rio de Janeiro, programa que em 1965 seria transferido para a TV Tupi com o nome de *Jornal de Vanguarda,* mais tarde incluído na programação de outras emissoras.

## 1965

*Abril* – A TV Globo, que já possuía concessão para funcionar desde 1957, vai ao ar no canal 4, no Rio de Janeiro.

*Maio* – O Brasil passa a integrar o consórcio Intelsat (Internacional Telecomunications Satellite) para lançamento de satélites.

*Setembro* – A Empresa Brasileira de Telecomunicações – Embratel – inicia atividades, entre elas viabilizar transmissões de longa distância nacionais e internacionais via satélite.

**1966**
*Março* – Estreia a TV Globo de São Paulo.

**1967**
*Maio* – A TV Bandeirantes inicia transmissões. É criado o Ministério das Comunicações.
*Setembro* – O governo de São Paulo cria a Fundação Padre Anchieta – Centro Paulista de Rádio e Televisão Educativas e surge a TV Cultura.

**1968**
*Abril* – morre Francisco de Assis Chateaubriand Bandeira de Melo, precursor da TV brasileira.

**1969**
*Fevereiro* – Primeira transmissão oficial via satélite para o Brasil, direto de Roma – o VT de uma partida de futebol e uma gravação de vinte minutos feita no Vaticano, com a benção do papa Paulo VI aos brasileiros. No mesmo dia, telespectadores brasileiros assistiram ao lançamento da Apollo IX, do cabo Kennedy, Estados Unidos.
*Setembro* – Estreia o *Jornal Nacional*, primeiro telejornal exibido em rede e ao vivo. É transmitido para Brasília e oito estados da região centro-sul.

## ANOS 70

O produto interno bruto (PIB) cresce 14%. É o "milagre econômico" alardeado pela ditadura militar, mas as crises internacionais do petróleo puxam o freio da economia. A Organização dos Países Produtores de Petróleo (Opep) reduz o fornecimento do produto para os EUA e para países europeus, como retaliação pelo consentimento à ocupação israelense em territórios árabes. A economia mundial entra em recessão.

A escritora Rachel de Queiroz é a primeira mulher eleita para Academia Brasileira de Letras. O consumo exagerado de drogas mata dois ídolos da música – a cantora Janis Joplin e o guitarrista Jimi Hendrix. O aborto é legalizado nos EUA e nasce na Grã-Bretanha o primeiro bebê de proveta.

**1970**
A Copa do Mundo é transmitida ao vivo e em cores para todo o Brasil.
*Janeiro* – Estreia, em São Paulo, a TV Gazeta, da Fundação Cásper Líbero.

**1971**
*Abril* – A TV Globo Brasília é inaugurada. No mesmo dia estreia o *Jornal Hoje*.

**1972**
*Março* – A transmissão da Festa da Uva em Caxias do Sul, Rio Grande do Sul, dá início à programação em cores no Brasil.
*Outubro* – Primeira transmissão internacional em cores. O VII Festival Internacional da Canção Popular é realizado em São Paulo e assistido em Caracas, Venezuela.

**1977**
*Setembro* – A TV Bandeirantes inaugura no Rio de Janeiro a TV Guanabara.

**1978**
*Dezembro* – Extinto o Ato Institucional Número-5.

## ANOS 80

A crise da economia nacional se aprofunda, unindo inflação com recessão. A legislação imposta pela ditadura militar é modificada e partidos políticos de esquerda saem da clandestinidade. Mais de um milhão de pessoas assistem ao primeiro *Rock in Rio*, festival de música que reuniu ídolos nacionais e internacionais no Rio de Janeiro.

Na União Soviética, Mikhail Gorbatchev chega ao poder e patrocina reformas políticas e econômicas. Na Ucrânia, um reator nuclear explode desencadeando grave acidente na cidade de Chernobyl. Cai o muro de Berlim e a Alemanha inicia o processo de reunificação.

**1981**
*Agosto* – Assinatura da concessão das redes Manchete e SBT.

**1982**
*Março* – Chega ao Brasil o videocassete e o controle remoto se populariza.

**1984**
*Janeiro* – TV Cultura transmite ao vivo do comício das Diretas-já, na Praça da Sé, em São Paulo.

**1985**
*Janeiro* – Transmissão ao vivo da votação do Colégio Eleitoral, que elege por voto indireto Tancredo Neves, presidente, e José Sarney, vice-presidente.
*Fevereiro* – Entra em operação o primeiro satélite doméstico brasileiro – o Brasilsat.
*Abril* – Começam as transmissões regulares em estéreo da TV brasileira.

## ANOS 90

O movimento dos estudantes caras-pintadas leva jovens às ruas em manifestações contra a corrupção. É a década em que o Brasil perde Tom Jobim, um dos criadores da Bossa Nova, e Ayrton Senna, morto num acidente no circuito automobilístico de Ímola, na Itália. O país se conecta à internet. O filme *Central do Brasil* ganha prêmios mundo afora.
Nelson Mandela chega à presidência na África do Sul e encerra oficialmente o regime de segregação racial no país. A decodificação dos genes humanos tem início com o Projeto Genoma Humano e, na Escócia, experiências genéticas permitem a clonagem de uma ovelha.

## 1990
*Outubro* – Estreia a MTV-Brasil, versão brasileira da Music Television norte-americana, primeira TV segmentada do país.

## 1991
Entra em operação a TVA, primeira operadora de TV por assinatura do país, fundada pelo Grupo Abril.
*Novembro* – No Japão têm início oficialmente as transmissões em HDTV-TV de alta definição.
*Novembro* – São lançados quatro canais de TV por assinatura: Telecine, Sport TV, GNT e Multishow.
*Dezembro* – Regulamentação do Conselho de Comunicação Social.

## 1992
*Março* – Rede Om Brasil é a primeira rede de televisão a gerar toda a programação fora do eixo Rio-São Paulo. No ano seguinte, seria rebatizada de CNT – Central Nacional de Televisão.

## 1993
Adolpho Bloch, endividado, vende a Manchete para o grupo IBF, mas o Grupo recorre à justiça e recupera o controle da emissora.

## 1995
*Janeiro* – Aprovada a lei do cabo, que obriga operadoras de TV por assinatura a exibirem seis canais de utilidade pública.
*Outubro* – A TV Globo inaugura o Projac – maior Centro de Produção de TV da América Latina.

## 1996
*Maio* – A Rede Vida de televisão inicia transmissões.
*Outubro* – Estreia a Globonews, canal de notícias 24 horas.

## 1997
*Junho* – *Fantástico,* da TV Globo, é o primeiro programa a ser transmitido simultaneamente ao vivo e pela internet.
*Novembro* – Estreia a primeira TV Universitária de São Paulo, formada por nove instituições de ensino superior.

## 1999
*Maio* – o grupo Bloch vende a Rede Manchete para o Grupo Tele TV e a emissora passa a se chamar Rede TV!
*Agosto* – Lançamento da Globo Internacional.
*Novembro* – A Rede TV! inicia transmissões.

# SÉCULO XXI

Brasil celebra quinhentos anos do Descobrimento. O desvio de 169 milhões de reais das obras do Tribunal Regional Trabalhista de São Paulo vira escândalo nacional e envolve um juiz e um senador. O Brasil realiza a primeira clonagem de um animal e nasce a bezerra Vitória. Depois de dois mandatos consecutivos, o presidente FHC é substituído pelo primeiro presidente-operário. Luís Inácio Lula da Silva toma posse depois de concorrer a quatro eleições. Chega ao poder o Partido dos Trabalhadores.

**2000**
*Julho* – É criada a Record Internacional.

**2001**
*Março* – Estreia a Bandnews – canal a cabo, com notícias 24 horas.

*Setembro* – Transmissão ao vivo do atentado terrorista ao World Trade Center e ao Pentágono, nos Estados Unidos, registra os mais altos índices de audiência da história da televisão.

**2004**
*Junho* – O jornalista Osvaldo Martins é nomeado *ombudsman* da TV Cultura.

## CURIOSIDADES

Auricélio Penteado era dono de uma rádio em São Paulo e nos idos de 1942 resolveu fazer uma pesquisa para descobrir quais eram as emissoras mais ouvidas na cidade. Foi aos Estados Unidos, aprendeu a fazer pesquisas de audiência e o resultado do levantamento mostrou que sua rádio estava entre as últimas colocadas na preferência dos ouvintes.

Diante dos números, mudou de negócio. Vendeu a rádio e criou o Ibope – Instituto Brasileiro de Opinião Pública e Estatística. O Grupo Ibope reúne treze empresas, cada uma com um mercado-alvo.

O Ibope informa: em 2003, o telespectador brasileiro permaneceu em média 4 horas e 47 minutos por dia assistindo televisão (dados do Painel Nacional de Televisão).

Total de canais abertos nas dez maiores capitais:

- Belo Horizonte – dezessete canais
- Distrito Federal – dezoito canais
- Florianópolis – doze canais
- Fortaleza – onze canais
- Rio de Janeiro – 28 canais
- São Paulo – 28 canais
- Porto Alegre – dezessete canais
- Salvador – doze canais
- Recife – treze canais
- Curitiba – dezessete canais

# CAPÍTULO XII

## Que língua é essa?

Não tem como escapar: é preciso dominar também o jargão profissional. Cada área tem o seu. Termos que parecem óbvios para quem já está acostumado à rotina do trabalho podem ser uma incógnita para quem não é do ramo. Um ótimo jornalista de impresso, de passagem pelo *Jornal da Globo*, ficou completamente perdido quando Lillian Witte Fibe, na época editora-chefe, pediu que ele enviasse um "foguete" para o comentarista esportivo Cléber Machado. "Como assim, um foguete?", perguntava, incrédulo. Veio a explicação: tratava-se de um texto curto, com informações sobre a principal matéria da noite. Serviria para que o Cléber, que narrava o jogo, fizesse uma chamada durante o intervalo. Ele entendeu o porquê de "foguete" ao se dar conta de que faltavam pouquíssimos minutos para o final do primeiro tempo. Teria que "voar" para executar a missão.

## DICIONÁRIO DA TELEVISÃO

**Âncora** – apresentador de telejornal. Emite comentários e/ou faz análise dos assuntos abordados nas reportagens. Também pode ser o editor-chefe.

**Arquivo** – departamento do jornalismo que seleciona e guarda imagens, exibidas ou não, e que poderão ser reutilizadas em perfis, retrospectivas ou quando for necessário relembrar um episódio para contextualizar a matéria.

**Arte** – ilustrações como mapas, gráficos, vinhetas. Podem ser ou não animadas.

**Audioteipe** – texto gravado por telefone. É coberto com imagens ou com a foto do repórter e um mapa localizando o lugar de onde ele está falando naquele momento.

**BG** ou **background** – som de fundo. Ruídos do ambiente da gravação ou a música usada para sonorizar a matéria.

**Blocos** – segmentos do telejornal separados por anúncios publicitários.

**Break** – intervalo comercial.

**Cabeça** – texto lido pelo apresentador para chamar a matéria. Geralmente, contém as informações mais relevantes da reportagem que será mostrada a seguir.

**Chamada** – o apresentador antecipa, numa entrada na programação ou em outro telejornal, os principais assuntos que serão exibidos.

**Cinegrafista/repórter cinematográfico** – é o profissional que opera a câmera e registra as imagens que vão ilustrar uma reportagem.

**Close** – plano de enquadramento fechado na cena, no objeto ou na pessoa que se quer destacar.

**Deadline** – prazo para o repórter mandar para a redação fitas com imagens, entrevistas e texto feitos na rua. O editor também tem tempo limitado para finalizar o trabalho. Para que o editor-chefe possa assistir ao VT e fechar o jornal com segurança, é ideal que a matéria esteja pronta, pelo menos, quinze minutos antes da exibição.

**Decupagem** – descrição por escrito, feita pelo editor de texto, com indicação dos minutos e segundos em que as imagens, entrevistas e passagem do repórter podem ser encontradas na fita.

**Delay** – é a falta de sincronia entre áudio e vídeo, que acontece em transmissões via satélite. A imagem chega primeiro que o som. Esse atraso decorre do tempo que o sinal leva para chegar até o satélite, que está a 36 mil km da Terra, e retornar a outro ponto de recepção.

**Deixa final** – identificação do que encerra a matéria – pode ser uma frase, uma imagem ou um sobe-som. Deve ser precisa, pois indica ao diretor de TV o momento de fazer um corte com o jornal no ar.

**Edição** – montagem de áudio e vídeo.

**Editor-chefe** – responsável pelo telejornal. É dele a palavra final, a decisão, no fechamento, do que deve cair ou ser exibido.

**Editor de imagens** – técnico que monta a matéria ao lado do editor de texto.

**Editor de texto** – é o jornalista que faz a ponte entre a redação e o repórter. Troca ideias com a equipe que está na rua, ajuda na apuração, e monta a matéria na ilha de edição, junto com o editor de imagem.

**Edição linear** – feita com equipamento em que é preciso rodar a fita para selecionar imagens que serão usadas.

**Edição não linear** – ao contrário da edição linear, permite acesso direto às imagens, por utilizar equipamentos digitais em que as cenas são armazenadas em computador.

**Escalada** – manchetes sobre os principais assuntos do dia que abrem o jornal. São frases curtas cobertas ou não com imagens.

**Espelho** – previsão do que será o jornal, com a ordem de entrada das matérias e o tempo estipulado para cada uma delas. Ajuda a equipe a visualizar o conjunto da obra e o editor-chefe a não estourar o tempo previsto para o jornal.

**Estourar** – ultrapassar o tempo de produção do jornal ou deixar a matéria maior do que o previsto.

**Fade** – para editores de texto significa o tempo total do telejornal. Para os editores de imagem é um recurso técnico, um escurecimento na tela.

**Flash-frame** – piscada branca e rápida que aparece nos pontos de corte de uma entrevista.

**Frame** – medida eletrônica. No Brasil, trinta frames correspondem a um segundo de imagens gravadas.

**Frisar** – congelar uma imagem.

**Fusão** – recurso de edição para suavizar cortes; sobreposição de imagens.

**Gancho** – atualidade ou informação que justifica realizar uma reportagem.

**Geração** – transmissão de imagens via satélite.

**Gerador de caracteres** – equipamento para inserir indicações escritas sobre imagens. Podem ser os nomes e as profissões dos entrevistados, tarjas com números citados numa reportagem ou a identificação do local de onde fala o repórter.

**Ilha de edição** – ambiente onde ficam os equipamentos de videoteipes para a montagem das matérias.

**Link** – ligação entre dois ou mais pontos para transmissão, ao vivo, das imagens.

**Matéria** – o mesmo que reportagem.

**Matéria bruta** – não editada.

**Mixagem** – mescla de vários sons.

**Monitor** – aparelho usado em links e nos estúdios para dar retorno de áudio e vídeo ao apresentador ou repórter que entrará ao vivo. Permite também avaliar a qualidade da transmissão.

**Narração** – gravação do texto.

**Net** – indicação no espelho para uma entrada ao vivo. O mesmo que link.

**Nota seca ou pelada** – texto curto sem imagens, lido ao vivo pelo apresentador.

**Nota coberta** – texto coberto com imagens. Pode estar gravado.

**Nota pé** – vem depois da matéria e traz informações complementares.

**Off** – texto lido pelo apresentador, locutor ou repórter e coberto com imagens.

**Off-the-record** ou **em off** – informação obtida de uma fonte que não quer se identificar.

**Página** – lauda de antigamente, que agora aparece no computador. Redigida pelo editor, traz a cabeça que será lida pelo locutor, o tempo e a deixa de um VT. Fornece, também, indicações para o operador de caracteres: identificação dos entrevistados e dos repórteres, das imagens de arquivo e/ou tarjas com números.

**Paginar** – espécie de diagramação eletrônica. O editor-chefe prevê o que abre e o que fecha o jornal e separa as demais matérias por blocos.

**Passagem de bloco** – textos e imagens que encerram um bloco do jornal e chamam reportagens que serão apresentadas depois do intervalo.

**Pauteiro** – a função do pauteiro é marcar entrevistas, pedir autorização para a gravação de imagens, levantar dados por telefone, organizar essas informações e fazer um roteiro de trabalho para a equipe de reportagem.

**Plano sequência** – gravação ininterrupta, sem que a câmera seja desligada ou que sejam feitos cortes na ilha de edição.

**Planos** – enquadramentos feitos pelo cinegrafista. Existem, entre outros, o plano geral (imagem aberta), médio, americano, primeiro plano (*close*) ou primeiríssimo plano (imagem muito fechada ou *close-up*).

**Plantão** – entrada na programação para noticiar um fato relevante que acaba de acontecer.

**Ponto eletrônico** – aparelho usado (no ouvido) por apresentadores e repórteres para receber orientações dos editores.

**Povo-fala** – entrevistas feitas aleatoriamente com pessoas na rua para colher uma amostragem de opinião sobre tema específico.

**Press-release** – material de divulgação elaborado pelas assessorias de imprensa.

**Produtor** – produtor é aquele que fareja a notícia, que corre atrás da informação até juntar as peças do quebra-cabeça que compõe uma investigação. Ele é capaz de reconhecer temas relevantes que podem se transformar em matérias e que passariam despercebidos para os outros. Exerce a função de repórter, embora não apareça no vídeo. São os produtores que descobrem matérias capazes de diferenciar um telejornal de outro.

**Radioescuta** – em busca de informações sobre a rotina da cidade os apuradores fazem as chamadas "rondas telefônicas": ligam várias vezes ao dia para a polícia, Corpo de Bombeiros, associações de bairros, Câmara de Vereadores e dezenas de outras "fontes fixas". Acompanham, ainda, os noticiários das emissoras de rádio, função que dá nome ao setor.

**Repórter** – jornalista que recolhe as informações, redige o texto e faz entrevistas para a construção de uma reportagem. Realiza também entradas ao vivo.

**Retranca** – indica o assunto da matéria.

**Slow motion** – efeito usado na edição para deixar a imagem mais lenta.

**Sonora** – entrevista gravada.

**Stand-by** – matérias que não serão necessariamente exibidas. São usadas pelo editor-chefe para afinar o tempo do jornal. Se for preciso preencher um buraco, elas entram. Se o jornal estiver estourado, permanecem em *stand-by*.

**Stand-up** – o mesmo que *flash* ou boletim. Recurso usado para dar uma notícia importante em cima da hora ou que não tenha imagens.

**Switcher** – sala de controle com mesa de corte. É de onde o diretor de TV e o editor-chefe coordenam as entradas das matérias, dos links e o movimento das câmeras do estúdio.

**Take** – cena, tomada.

**Teaser** – texto curto, gravado pelo repórter para chamar a matéria na escalada. Podem ser usadas também cenas do VT que mereçam destaque.

**Teleprompter** – equipamento adaptado às câmeras de estúdio que permite a visualização dos textos, lidos à distância por quem está na bancada.

**VT ou videoteipe** – equipamento eletrônico que grava o sinal de áudio e vídeo. Mas o termo VT também é comumente empregado para se referir à matéria editada.

**Viewfinder** – retorno de vídeo da câmera que permite ao cinegrafista ver o que está sendo gravado e checar a qualidade da captação.

# BIBLIOGRAFIA

BOURDIEU, Pierre. *Sobre a televisão*. Rio de Janeiro: Jorge Zahar, 1997. É um livro curto, de fácil leitura, mas nem por isso deixa de ser inquietante para quem produz ou vai produzir informação. Reúne três textos. Um deles trata especificamente da influência da televisão no campo jornalístico e na produção cultural. Os outros analisam temas como a autonomia dos meios de comunicação, o critério de seleção das notícias e a influência do índice de audiência no conteúdo do telejornalismo. Bourdieu manifesta preocupação com o poder da televisão de criar a realidade ao sentenciar que ela "se torna árbitro do acesso à existência social e política". A publicação desencadeou tanta polêmica na França que o autor incluiu nas edições seguintes uma resposta às críticas que recebeu.

BUCCI, Eugênio (org.). *A TV aos 50*: criticando a televisão brasileira no seu cinquentenário. São Paulo: Fundação Perseu Abramo, 2000. Organizado pelo jornalista Eugênio Bucci, o livro reúne dez textos. São olhares diferentes de estudiosos que fazem da televisão objeto de análise. Entre as abordagens, a TV na época da ditadura, a telinha e a Educação e a influência da programação no imaginário. Pensamentos diversos que fazem uma reflexão crítica de meio século da televisão brasileira.

HERMAN, Eduard S.; CHOMSKY, Noam. *A manipulação do público*: política e poder econômico no uso da mídia. São Paulo: Futura, 2003. Esse é um livro de peso e oferece uma visão crítica do discurso jornalístico. Herman é professor de Finanças da Universidade da Pensilvânia, Estados Unidos. Chomsky ensina no Departamento de Linguística e Filosofia do Massachusetts Institute of Tecnology. Enfocam os efeitos da concentração das empresas de comunicação em grandes conglomerados, da globalização e analisam o que batizaram de "modelo de propaganda" da mídia dos EUA. A dupla oferece um detalhado estudo sobre os noticiários para fundamentar a tese de que interesses políticos e econômicos podem definir a abordagem dos fatos e influenciar a formação da opinião pública. Para revelar o papel desempenhado pela mídia nesse contexto, citam a cobertura de fatos do cenário político internacional – como as eleições em El Salvador, Guatemala e Nicarágua na década de 1980 e o atentado ao papa João Paulo II, em 1981.

KOVACH, Bill; ROSENSTIEL, Tom. *Os elementos do jornalismo:* o que os jornalistas devem saber e o público exigir. São Paulo: Geração Editorial, 2003. Escrito a quatro mãos por dois respeitados críticos dos meios de comunicação, os jornalistas norte-americanos Bill Kovach e Tom Rosenstiel, o livro é o resultado de uma profunda análise sobre a prática do jornalismo e os princípios que devem nortear a profissão. Os temas foram levantados por um grupo que se autodenominou Comitê dos Jornalistas Preocupados e discutidos em 21 seminários que reuniram cerca de três mil pessoas, dentre elas trezentos jornalistas. A obra nos leva a uma imprescindível reflexão sobre o papel de todos os envolvidos na tarefa de garantir uma imprensa livre e independente.

LEAL FILHO, Laurindo Lalo. *A melhor TV do mundo:* o modelo britânico de televisão. São Paulo: Summus, 2000. Para quem quer conhecer melhor a British Broadcasting Coorporation, esse livro deve satisfazer a curiosidade sobre a rede britânica que se transformou em referência para o mundo. As páginas revelam a história da BBC desde os primórdios, as transformações pelas quais passou ao longo do tempo e como funciona o sistema de televisão independente na Grã-Bretanha. O autor aborda ainda como surgiu o modelo de televisão pública na Europa e descreve mecanismos de controle desse meio de comunicação adotados no continente. Ao final de cada capítulo há um resumo do que foi apresentado.

REZENDE, Guilherme Jorge de. *Telejornalismo no Brasil*: um perfil editorial. São Paulo: Summus, 2000. Guilherme Jorge de Rezende é doutor em Comunicação Social pela Universidade Metodista de São Paulo e analisa nessa publicação desde a estrutura e o formato dos telejornais até a construção de matérias e o papel da palavra e das imagens nos noticiários. A pesquisa inclui dados sobre as reportagens exibidas em edições do *Jornal Nacional* (TV Globo), do *Jornal da Cultura* (TV Cultura), e do *Telejornal Brasil* (SBT).

XAVIER, Ricardo. *Almanaque na TV*: 50 anos de memória e informação. Rio de Janeiro: Objetiva, 2000. O roteirista Ricardo Xavier, o Rixa, passou quatro anos pesquisando para escrever esse livro. Recolheu histórias saborosas e fatos relacionados à televisão, no Brasil e no mundo. Fala do surgimento das emissoras e mostra a trajetória delas ao longo do tempo. Não se restringe ao telejornalismo, mas reserva a ele várias páginas, narrando as dificuldades iniciais de produção e a evolução tecnológica. Cita noticiários e profissionais que marcaram época. É um livro para curiosos, divertido e informativo, para quem quer saber também sobre festivais, telenovelas e conhecer histórias pitorescas.

# SITES INTERESSANTES

- *Associação Brasileira de Emissoras de Rádio e Televisão*
  http://www.abert.org.br/
- *Associação Brasileira de Jornalismo Investigativo*
  http://www.abraji.org.br/
- *Associação Nacional de Jornais*
  http://www.anj.org.br/
- *Bristish Broadcasting Coorporation*
  http://www.bbc.co.uk/portuguese/
- *Ética na TV*
  http://www.eticanatv.org.br/
- *FCC: Federal Communications Commission*
  http://www.fcc.gov/
- *Museum of Broadcast Communications*
  http://www.museum.tv/
- *Museum of Television and Radio*
  http://www.mtr.org/
- *National Association of Minorities in Cable*
  http://www.namic.com/
- *Observatório da Imprensa*
  http://www.observatoriodaimprensa.com.br/
- *Ofcom: Office of Communications*
  www.ofcom.org.uk/
- *Televisão e Responsabilidade Social*
  http://www.tver.org.br/
- *The Poynter Institute*
  http://www.poynter.org/